LES FIANCÉS DE PÉNÉLOPE

MIKIS THÉODORAKIS

LES FIANCÉS DE PÉNÉLOPE

Conversations avec Denis Bourgeois

Préface de François Mitterrand

BERNARD GRASSET
PARIS

Tous droits de traduction, de reproduction et d'adaptation
réservés pour tous pays, y compris l'U.R.S.S.
© *Éditions Grasset & Fasquelle, 1975.*

JE PEUX ME DIRE SON AMI

par François Mitterrand

C'est au Continental, grand hôtel parisien, où Mikis Théodorakis tenait une conférence de presse, que je l'ai rencontré pour la première fois. Il était arrivé d'Athènes peu de jours auparavant, libéré du camp d'Oropos après trois années d'internement et de résidence surveillée. Papadopoulos, désireux de donner le change aux ministres du Conseil de l'Europe qui devaient se réunir à Strasbourg afin de décider s'il convenait de publier le rapport de la Commission des droits de l'homme sur les tortures pratiquées par le régime des colonels, avait décidé cette soudaine mesure de grâce. On se souvient du raid accompli par Jean-Jacques Servan-Schreiber au terme duquel Mikis rejoignit la France. La veille j'avais été moi-même pressenti à cette fin. Mais je me trouvais à Château-Chinon, on avait eu quelque peine à m'atteindre et je n'avais pu affréter un avion sur l'heure. Rentré à Paris, comme je me préoccupais de l'affaire, j'appris qu'elle était menée à bien par le directeur de *l'Express*.

Quand j'entrai dans la pièce où Théodorakis parlait, je fus aussitôt frappé par la stature et par la flamme de l'orateur. Il était comme un bel athlète allé au-delà de ses forces et qui, le temps de respirer, est à nouveau prêt au départ. Ses cheveux bouclés en désordre cernaient un visage à la fois gonflé et creusé par la fatigue. D'un débit rapide, passionné, il racontait la Grèce, la sottise brutale de la dictature, les luttes des résistants. L'enchaînement des mots, le timbre de la voix procédaient d'un rythme où l'on reconnaissait une musique familière.

La deuxième fois que je le vis il jouait au piano dans un appartement du quartier Saint-Augustin. Les invités étaient trop nombreux pour la place exiguë. On se pressait, on se haussait, on cherchait entre les têtes et les épaules à distinguer Mikis, penché sur l'instrument, les doigts parcourant le clavier comme on écrit un poème, avec de longs silences et cette attention obstinée qui est une forme de l'absence, voyage à l'intérieur de soi, trajet le plus court cependant, quand on sait le chemin, pour franchir la frontière qui relie au reste du monde. De temps à autre il s'accompagnait à mi-voix. L'émotion qui s'était emparée de nous muait notre petite foule en un corps unique habité par l'âme de l'instant. Nous étions le soleil et le fleuve et la vallée perdue, et les marches de la haute ville, bordées de fleurs et de sang. Nous étions les jardins saccagés et la forêt qui brûle. Ô Grèce, ô liberté, double et seule patrie! Nous étions l'exil et l'espoir et la vigne et la mer, le voyageur qu'aucun détour n'égarera sur la route de sa maison. J'imaginais de grands oiseaux migrateurs traçant leur itinéraire par-dessus la courbe de la terre, effaçant à coups d'ailes notre géographie et piquant soudain, pour s'y poser, sur le bord du marais ou la branche de l'arbre que des milliers de vies antérieures leur avaient fixé pour refuge. Je n'assurerai pas que la technique de Mikis fût parfaite. Mais ce médium transmettait sa propre création et l'écho assourdi ou cassé qu'il projetait en nous portait l'œuvre aussi loin, plus loin peut-être que l'art de ses meilleurs interprètes.

Je le constatai à notre troisième rencontre, lors d'un concert, salle de la Mutualité je crois. Je ne pourrai décrire l'envoûtement de cette soirée. Maria Farantouri et Pedro Pandis avaient chanté « les chagrins et les désirs des Grecs » sur des thèmes de Ritsos, de Christodolou, de Seferis et de Mikis lui-même. Maria, hiératique dans sa robe d'Orient, dédaigneuse des jeux de scène, debout, les bras le long du corps, la main droite seule à bouger et battant la mesure, dominait l'orchestre d'un ample contralto. Maria, pour moi, c'est la Grèce. Je me représente Héra, comme cela, forte et pure, vigilante. Je ne connais pas d'artiste qui m'ait à ce point fourni le sens du mot sublime. Tout aussi immobile Pedros, les yeux, les poings fermés, ouvrait les portes du royaume où vont les regrets et les songes. Je l'entendais appeler les vivants pour qu'ils témoignent de tout ce sang, de ces cris étouffés. Sept ans peut-être et il ferait tomber les murs. Face à ses compagnons Mikis épousait la musique à pleines brasses. On eût dit qu'il moissonnait le champ sonore. Du bout des doigts il attirait à lui chaque note venue des bouzoukis et des guitares et les nouait en gerbes qu'une autre phrase dénouait. Sa haute taille s'inclinait, se dressait, comme pour se rendre maître en combat singulier « de cet ange cornu comme le vieux Moïse qui se sachant de lui le visage inconnu » à coups de front prétendait le briser. Sur ses traits passaient les images de la souffrance, du rire, de l'attaque, de la parade et il semblait tout occupé à ce fraternel corps à corps quand, à son tour, tourné vers nous, il se mit à chanter. J'ai déjà observé que Mikis n'a pas de richesse vocale. Mais peu importe. Cette musique est la sienne, il la recrée, la réinvente, et par elle transforme la pierre et le métal pour les fondre en langage. La foule lui fit un triomphe.

J'ai souvent retrouvé Théodorakis depuis cette époque et je peux me dire son ami. Chaque fois qu'il revient de Grèce, pour une tournée musicale ou pour raison privée il me fait signe. Il m'attend encore dans sa maison de Corinthe où je lui ai promis de passer cet été, où j'irai bien un jour ou l'autre. Convié aux répétitions du *Canto general* j'ai assisté à la naissance d'un chef-d'œuvre, confluent de deux inspirations de première grandeur et qui se sont croisées à l'endroit exact où s'écrit l'histoire de notre temps. Je n'évoquerai pas à propos de Mikis l'art engagé. C'est l'engagement politique qui nourrit sa musique. Pas le contraire. Toute son œuvre est combat et moyen de combat. La dictature ne s'y trompait pas lorsque, cinq semaines après le coup d'État, elle publiait l'ordre suivant : « Nous avons décidé et nous ordonnons, valable pour le pays entier : il est interdit de reproduire ou de jouer la musique et les chansons du compositeur Mikis Théodorakis... les citoyens qui transgresseront cette consigne seront immédiatement traduits devant le tribunal militaire. » Et, le 9 novembre 1967, le tribunal de Thessalonique condamnait Konstantinos Daoutis, commerçant, à quatre ans de prison pour avoir vendu un disque de l'auteur interdit.

Il faut lire dans *Culture et dimensions politiques* l'analyse que ce dernier propose de son poème *la Chanson du frère mort*. « *La chanson*, note-t-il, est le peuple dans sa substance, sa marche, et sa continuité historiques... Elle résume la quintessence du caractère national et populaire, dans le flux des bouleversements et des siècles. » Je l'écoute réciter tout bas, la tête entre les mains :

Ô tendre mère, tu avais deux fils, deux arbres, deux
  [*fleuves,*
Deux forts vénitiens, deux brins de menthe, deux grandes
  [*joies,*
L'un est du parti d'Orient, l'autre de celui d'Occident
Et toi seule, au milieu, tu parles et interroges le soleil.

Mikis Théodorakis était membre du parti communiste. Puis celui-ci s'est coupé en deux et Mikis est allé de son propre pas en quête « d'une gauche dégagée des entraves du dogmatisme bureaucratique et qui corresponde spécifiquement aux exigences, aux problèmes, et aux particularités du mouvement progressiste grec ». Je le regarde avancer, tel qu'il est, avec ses enjambées de géant. Il n'en a pas fini. « Le goût de la liberté est amer », déclarait-il aux journalistes français qui l'accueillaient au Bourget un soir du printemps 1970. Amer et nécessaire, cher Mikis, amer et délicieux.

I

MIKIS THÉODORAKIS
MUSIQUE ET POLITIQUE

21 avril 1975. Entre mer et montagne, au pied du Kerdylion, rocaille et silence, dernier contrefort des Balkans, mais déjà dans la plaine de la mer Égée, quelques champs et beaucoup de pierres, un lion colossal, témoin d'une grandeur disparue, semble garder une bicoque, buvette-pompe à essence. Halte invisible sinon pour le voyageur que le besoin presse.

Mikis Théodorakis y a fait arrêt, rejoint par les musiciens de son orchestre. Le besoin d'essence était urgent et la détente nécessaire, à mi-chemin entre Alexandroupolis, à la frontière turque, et Salonique, capitale du Nord. Sur la route, un homme, long manteau noir et bouzouki dans un sac à l'épaule, passe. D'où vient-il, où va-t-il dans cet univers où aucune autre maison n'est visible? Peut-être aurait-il passé son chemin discret, si la tenancière ne l'avait hélé et s'il n'avait reconnu la haute stature de Mikis Théodorakis, le musicien le plus célèbre du pays. Il s'approche, curieux. La société grecque n'a pas encore élevé de barrières autour de ses monstres sacrés. Ce n'est pourtant qu'à force d'insistance qu'il consent à jouer. Alors s'élèvent dans cette fin d'après-midi les accents graves du rebetiko rythmé par le hassapiko (proche du syrtaki) que danse Mikis Théodorakis. Bientôt les deux bouzoukis de l'orchestre se mettent de la partie; et de pièces connues en improvisation, la magie de la musique grecque s'installe comme elle ne le fait nulle part ailleurs.

Ce qui ne devait être qu'une halte technique dure plus d'une heure et il faut beaucoup de sagesse et de raison pour laisser le temps reprendre son cours, pour saluer l'hôtesse et le musicien de passage et repartir vers de nouvelles rencontres.

Quelques jours plus tôt, c'était dans une taverne, tard dans la nuit, après un concert. Mikis Théodorakis avait laissé ses musiciens pour retrouver des amis politiques. Ensemble, ils envisagent l'avenir sans les colonels mais aussi évoquent la guerre civile et les années qui suivirent, pour chacun ponctuées de prisons et camps de concentration, de combats perdus et gagnés, de batailles jamais achevées. A la fin du repas, aucun ne peut résister et tous entonnent un chant partisan. Et voilà qu'au bout du premier couplet, c'est d'une autre table — un banquet familial qui se tient à l'extrémité opposée du restaurant — qu'arrive le refrain. Le second couplet est chanté en chœur. Et puis, c'est la fête. Chaque table lançant de nouveaux thèmes, parfois les interprétant en canon. Jusqu'au signal de départ d'un des groupes. L'autre reste. Le dialogue est fini. On se salue et chacun poursuit sa route, sans plus de formalités. Parce que la musique, en Grèce, est toujours présente, mais sans effort ni convention.

Au pays de Mikis Théodorakis, la musique appartient au quotidien. Jamais fabriquée ni châtrée, elle semble chevillée au corps de ce peuple qui peut, sans détour, passer de l'immobilisme le plus complet, du silence témoin d'on ne sait quelle méditation tragique à la chaleur démonstrative, à l'exubérance la moins retenue, la plus débridée. Autant que le langage, la musique est, en Grèce, moyen de communication; triste ou gaie, grave ou fantasque, elle est le dénominateur commun, le grand rassembleur de ce pays si souvent déchiré.

De cette omniprésence de la musique, Mikis Théodorakis est, à la fois, effet et cause. Effet, en ce qu'il appartient à un peuple qui a toujours préféré chanter que se résigner, qui a toujours utilisé la musique pour se préserver et perpétuer sa personnalité face à ses agresseurs et dominateurs : le psaume byzantin de la liturgie chrétienne pour résister, quatre siècles durant, à l'occupation ottomane et islamique; les chansons populaires (démotiques et laïques) pour se défendre ensuite contre la bourgeoisie d'affaires, triomphante grâce à l'appui non dissimulé de la Bavière qui lui donna un roi, de l'Angleterre qui en consolida le trône, des États-Unis, enfin, qui l'asservirent financièrement et politiquement. Mais cause aussi car cette tradition de chants populaires allait s'épuisant, tellement sollicitée; et même le retour au bercail d'un million de Grecs établis en Asie Mineure ne devait pas suffire à la revivifier malgré les thèmes et les rythmes nouveaux, malgré l'introduction du bouzouki... Il fallut Mikis Théodorakis pour qu'elle retrouve un nouveau souffle, qu'elle sorte de la décadence dans laquelle elle sombrait lentement, et se transforme en une arme offensive.

Rien pourtant ne semblait particulièrement destiner à la musique ce fils d'un sous-préfet pas plus musicien que la moyenne. Né en 1925, comme tous ses petits camarades et selon une tradition bien établie, il fait connaissance avec la musique par l'intermédiaire des cantiques byzantins que lui enseigne sa grand-mère. Elle dut être, toutefois, un professeur remarquable, puisqu'à sept ans il chantait, dit-on, comme un pope. Et petit à petit, son éducation religieuse bien ancrée, sa culture musicale s'étoffe du folklore populaire : son père lui apprend les accents rudes des chansons crétoises qui ont bercé sa propre enfance; sa mère, fille de paysans grecs d'Asie Mineure, l'initie au lyrisme nostalgique de l'Anatolie; enfin, la carrière paternelle l'emmenant de poste en poste le confronte chaque fois à des mélodies nouvelles. Il s'avère bientôt enfant prodige ne vivant que par et pour la musique, organisant des chorales qu'il dirige, composant, mettant en musique les œuvres des plus grands poètes grecs. Ainsi, à quatorze ans, écrit-il la Chanson du capitaine Zacharias, d'après un texte d'A. Valaoritis.

La Chanson du capitaine Zacharias, quatre ans plus tard, deviendra un hymne de la résistance aux Allemands. Et pourtant, lorsqu'il la compose, Mikis Théodorakis est membre des Jeunesses Metaxas, du nom du dictateur *fasciste qui a pris le pouvoir en 1936 (mais tous les lycéens y sont obligatoirement inscrits). Pour le compositeur en herbe, il n'y a de salut que dans le nationalisme et les communistes, ennemis jurés de la patrie, sont des monstres dangereux; du moins est-ce là ce qu'on lui apprend dans les rangs du mouvement nationaliste. Mais la guerre fait rage. L'armée grecque en découd avec les troupes de Mussolini qu'elle balaie rapidement avant de plier quelques mois plus tard devant l'invasion allemande. La Grèce est occupée, partagée en trois zones, allemande, italienne et bulgare. Aussitôt, la résistance s'organise, qui prend rapidement le caractère d'un soulèvement général de tout le peuple.*

A Tripolis dans le Péloponnèse, au cours d'une manifestation sur la tombe de Kolokotronis, héros de l'Indépendance, les soldats italiens chargent. Parmi les « terroristes » arrêtés, Mikis Théodorakis. En prison, il est torturé. C'est la première fois; il le sera, à nouveau, dans les années sanglantes qui suivent. Désormais son engagement politique est irréversible. Entre deux traités d'harmonie, il dévore des ouvrages marxistes. La musique et le combat politique, pour lui, ne font plus qu'un. Quelques semaines plus tard, il est à nouveau arrêté pour ses activités puis relâché par les soldats italiens qui capitulent. Les Allemands qui leur succèdent le recherchent. Mais ses parents prudents l'ont envoyé à Athènes, lui évitant vraisemblablement d'être exécuté comme le seront bon nombre de ses camarades.

A Athènes, tandis qu'il milite dans l'organisation de jeunesse du Front de libération nationale (E.A.M.), il est admis comme élève au Conservatoire. Puis, à dix-

neuf ans, il s'engage dans l'E.L.A.S. (Armée populaire de libération nationale), l'organisation militaire du front où les communistes dominent, tout en poursuivant frénétiquement ses études musicales.

En octobre 1944, les Allemands quittent la Grèce, bientôt remplacés par l'armée anglaise : au cours d'une rencontre entre Staline et Churchill, à Moscou, le taux de domination de la Grèce a été accordé à raison de quatre-vingt-dix pour cent à la Grande-Bretagne (en accord avec les États-Unis) et de dix pour cent à l'U.R.S.S. Le commandement britannique s'empresse alors de décider le désarmement et l'élimination de l'E.A.M.-E.L.A.S. « Nous devons tenir et dominer Athènes, déclare Churchill; sans effusion de sang, si c'est possible (ce serait magnifique); en le faisant couler, si besoin en est[1]*. »*

Le 3 décembre 1944 une manifestation pacifique est organisée, place de la Constitution à Athènes, pour protester contre la présence de la « nouvelle force d'occupation », et contre le décret de dissolution. Les troupes anglaises tirent dans la foule. Des centaines de manifestants tombent, blessés ou morts, les autres reculent, cherchant un abri. Mikis Théodorakis se relève, ramasse un drapeau grec, le macule du sang des blessés et des morts et, le portant comme un étendard, marche sur les fusils pointés, accompagné d'une jeune femme et d'un mutilé de la campagne d'Albanie. Le silence d'après la fusillade est alors rompu par l'hymne national. La place, à nouveau, se remplit de monde. La « bataille de décembre » a commencé. Pendant six semaines, elle fera

---

1. W. Churchill, *la Seconde Guerre mondiale*.

rage : 7 500 résistants seront arrêtés et déportés en Libye. C'est le début de la « chasse aux sorcières ». Les bataillons de sécurité, milice organisée par les nazis, sont reconnus par le gouvernement et utilisés contre les « ennemis de la nation ».

A partir de 1947, la Grande-Bretagne, épuisée par la guerre et ne pouvant faire face à la puissance de l'E.A.M. passe la main aux États-Unis. La chasse aux « rouges » reprend de plus belle : en une seule semaine, près de dix mille anciens résistants sont arrêtés à Athènes, puis déportés d'abord à Psitalia, îlot rocailleux et sans eau, situé entre Athènes et Corinthe, puis à Icarie, dans les Sporades près des côtes turques. Parmi eux, Mikis Théodorakis qui n'en continue pas moins à étudier la musique et à composer. Quelques mois plus tard, une amnistie générale lui rend la liberté, mais déjà la chasse à l'homme reprend.

En décembre 1947, un gouvernement de partisans s'installe dans les montagnes, au nord du pays. La guerre civile est maintenant officielle. Mikis Théodorakis est arrêté et recommence le cycle prison-torture-camp de déportation. Un second internement dans l'île d'Icarie avant d'être envoyé dans celle de Makronissos, île déserte au large de l'Attique. Pendant tout ce temps, Mikis Théodorakis continue de travailler la musique, analysant les œuvres de Beethoven, de Stravinski... dont il a pu se procurer les partitions, enseignant le solfège à ses camarades, organisant une chorale, composant même une symphonie qu'il exécute avec quelques amis pour les autres détenus. Pourtant, Makronissos, c'est l'enfer. C'est là que le gouvernement a décidé de « rééduquer » les partisans : un jour, cinq mille internés sont conduits dans une gorge qui débouche sur la mer. Des gendarmes et des soldats font cercle autour d'eux et, sans sommation ni prétexte, ouvrent le feu. Des centaines d'hommes tombent, blessés ou morts. On offre alors aux survivants de sortir des rangs et de signer des déclarations de repentir et d'allégeance au régime. Puis le tir reprend avant une nouvelle offre et ainsi de suite. Il ne restera que trente-cinq survivants dont quinze seront condamnés à mort. Le jour suivant, on rassemble un autre contingent de déportés, celui de Mikis Théodorakis, pour les soumettre à des heures entières de bastonnade. Treize seulement acceptent de signer. Pour eux, une table est dressée avec des mets. Pour les autres, les coups reprennent jusqu'à ce qu'ils perdent connaissance. C'est le cas de Mikis Théodorakis, sur la poitrine duquel danse un soldat avant que le maître ès tortures, Loris, ne lui déboîte et casse la jambe droite. Il est rapatrié à Athènes pour y être hospitalisé. Profitant de ce répit, bien relatif, il passe, avec succès, l'examen de sortie du Conservatoire d'Athènes. Mais à nouveau, il est renvoyé à Makronissos.

En septembre 1949, le gouvernement écrase les dernières poches de résistance des partisans. La guerre civile est terminée. Il faudra pourtant encore que le jeune compositeur fasse son service militaire pendant deux ans avant de pouvoir trouver le temps de se marier avec une étudiante en médecine, Myrto, et de vivre à peu près normalement dans cette Grèce « normalisée » dont les prisons et les camps de concentration sont pleins.

Titulaire d'une bourse, en 1954, il vient à Paris s'inscrire au Conservatoire dans la classe d'Eugène Bigot. Ses contacts avec un autre professeur, Olivier Messiaen, sont peu amènes. Et le voilà qui se met au travail avec acharnement et surtout un peu de la sérénité que procure l'éloignement. La musique grecque ancienne le passionne. Il analyse, dissèque la gamme byzantine avec autant d'appétit qu'il étudie les œuvres de Bartok, de Stravinski et de quelques autres.

La Grèce le hante, qu'il n'a jamais vraiment quittée. Il ne peut se séparer des recueils de poèmes de Yannis Ritsos, un de ses codétenus de Makronissos. Et un soir du mois de mai 1958, au volant de sa voiture arrêtée, le miracle se produit. Il relit Épitaphios, *l'histoire d'une mère qui pleure son fils mort sous les balles de la troupe lors d'une grève à Salonique en 1936 (pour la liturgie orthodoxe, Épitaphios est la plainte de la Vierge devant le Christ mort), ce poème que le régime de Metaxas avait interdit et brûlé publiquement devant les colonnes du temple de Zeus Olympien à Athènes. La magie des mots libère celle des notes que Mikis Théodorakis rythme en tapant sur le volant de la voiture. Quelques heures plus tard, l'esquisse de la mise en musique en est écrite. La première pièce de la nouvelle chanson populaire grecque est née.*

La nouvelle musique populaire grecque, elle-même, est née de la rencontre du poète et du musicien, du mariage de la poésie moderne et de la musique laïque grecques. Cinq ans plus tard, à Salonique toujours, tandis que Lambrakis blessé à mort vit ses derniers instants, accompagné par Mikis Théodorakis et Yannis Ritsos (ainsi que Manolis Glezos, condamné à mort pour avoir, en 1941, arraché le drapeau nazi qui flottait sur l'Acropole) dehors, dans la nuit, de la foule immense qui veille devant l'hôpital, s'élève Épitaphios, *nouvel étendard de la colère et de l'espoir qui grondent.*

Mikis Théodorakis n'est pourtant pas au bout de ses peines. Depuis un an ou deux il a acquis une dimension internationale. Il a déjà écrit un ballet, Antigone, *pour Margot Fonteyn; deux autres, les* Amants de Teruel *et le* Feu aux poudres *pour Ludmilla Tcherina. Mais* Épitaphios *lui a, enfin, permis d'ouvrir la brèche tant désirée dans le mur symphonique occidental, celui au pied duquel il avait composé sa première symphonie dédiée à Makris Karlis et Vassilis Zanos pendant sa détention dans l'île de Makronissos ainsi que les musiques de scène et de films dont on lui avait passé commande, le mur qui l'empêchait de rejoindre la tradition mélodique originale de son pays. La prochaine étape est maintenant d'introduire, dans la distribution instrumentale de ses créations, le bouzouki, instrument populaire jusqu'alors relégué dans les tavernes fréquentées par la « canaille ».*

En 1960, il rentre en Grèce avec Margharita et Yorgos, ses deux enfants nés à Paris. De son combat musical il a virtuellement gagné les deux premières manches : il a ranimé la chanson grecque, par les thèmes et les mélodies d'abord, mais aussi par la forme en inventant le « cycle de chansons » en rupture avec la chansonnette; il a rendu sa place au chanteur populaire et à l'instrument symbole par excellence de la musique nationale. Il lui faut maintenant asseoir la communication privilégiée entre les masses et le créateur, sans laquelle l'art populaire ne peut exister, faire que, « goutte après goutte, cette joie esthétique se transforme en joie morale, puis en poids idéologique et en action politique [2] ». *Le pouvoir, incarné par la reine Frederika et Constantin Caramanlis, ne s'y trompe pas. Bien que le seul parti de gauche autorisé, l'E.D.A., ait remporté près de vingt-cinq pour cent des suffrages aux élections de 1958, l'état de siège est proclamé partout où Mikis Théodorakis, ses chanteurs et ses bouzoukis organisent des concerts. Quand ils ont néanmoins lieu, des provocateurs sont de la partie, les instruments parfois détruits. Les menaces de mort et les pressions les accompagnent dans tous leurs déplacements. Pourtant, le dialogue avec le plus grand nombre est établi et s'amplifie de jour en jour. Et la liste des cycles de chansons s'allonge, avec des textes de Séféris, de l'Irlandais B. Brehan, d'Elytis, etc., tandis que déjà Mikis Théodorakis passe à une forme encore plus élaborée, l'oratorio populaire, en écrivant* Axion Esti, *sur un poème d'Odysseus Elytis. Toujours un texte majeur sur lequel prend naissance une musique, cette fois plus ample :*

Si l'on s'en tient à la composition apparente de l'œuvre, celle-ci comprend trois parties essentielles : la Naissance, la Passion et l' « Axion Esti ». Ces trois parties se retrouvent transposées dans la composition interne au niveau de l'exécution : à savoir le récit, l'hymne et le chœur. Pour le récit, Elytis utilise la prose; pour l'hymne,

---

2. Mikis Théodorakis, *Journal de résistance : la dette*, Éd. Flammarion, Paris.

le vers libre; et pour le chœur, le vers classique. Pour ma composition, j'utilisai donc parallèlement le « Narrateur » qui lit le texte en prose, le « Chantre » pour les hymnes, et le chanteur laïque (ou populaire) pour les chœurs. Trois autres éléments, tout aussi fondamentaux, complètent l'assise musicale de l'œuvre : *a)* les chœurs mixtes; *b)* l'orchestre; *c)* les instruments populaires. Jusque-là, j'avais utilisé pour mes concerts populaires deux bouzoukis, des guitares, un piano, une contrebasse et la percussion. J'y ajoutai donc deux ensembles musicaux, l'un vocal et l'autre instrumental, et qui devaient s'adapter au nouveau climat musical de sorte qu'on n'obtienne pas une simple juxtaposition d'éléments hétérogènes. En deux mots, on devait utiliser les voix et les instruments à la seule fin de souligner le caractère musical néo-hellénique de l'œuvre [3].

Mais les nuages noirs qui n'ont jamais quitté le ciel de Grèce en dépit d'un calme apparent redeviennent menaçants. Les élections d'octobre 1961 sont truquées grâce à un plan secret, le plan « Périclès » dont Georges Papadopoulos est le maître d'œuvre. Les manifestations se succèdent, chaque fois réprimées plus violemment. Une marche de Marathon à Athènes est organisée par le Mouvement de la paix. Elle n'aura lieu que grâce à la ténacité d'un homme, Grégoire Lambrakis, député de l'E.D.A., médecin et professeur agrégé de l'université d'Athènes,

---

3. Mikis Théodorakis, *Culture et dimensions politiques : mon credo artistique*, Éd. Flammarion, Paris.

qui la fait, seul, protégé par son immunité parlementaire, les milliers de manifestants, dont Mikis Théodorakis, réunis pour l'occasion ayant été arrêtés. Le 22 mai 1963, à Salonique, à la fin d'un meeting, G. Lambrakis est mortellement blessé en pleine rue devant une forte concentration de policiers et de gendarmes qui laissent partir sans l'inquiéter son assassin (c'est le thème du film Z dont Mikis Théodorakis composera la musique).

L'ampleur des manifestations que soulève ce crime dépasse le gouvernement qui ne les avait pas prévues dans sa manœuvre. Dix jours plus tard sont créées les Jeunesses Lambrakis, dont Mikis Théodorakis sera élu président. De nouvelles élections sont organisées qui voient, cette fois-ci, reculer l'E.R.E., le parti de droite dirigé par Caramanlis. Mais aucune majorité nette ne s'est dessinée. Georges Papandréou, le leader de l'U.K., l'Union du centre, refusant l'appui de l'E.D.A., ne peut gouverner. Les Grecs retournent aux urnes, donnant cette fois la majorité absolue à G. Papandréou. Mikis Théodorakis est élu dans la deuxième circonscription du Pirée. Le leader du centre fait libérer la majorité des prisonniers politiques, mais ne détient pas le vrai pouvoir qui reste aux mains du trône, de l'administration étroitement contrôlée par la droite, et de l'armée toute-puissante qui possède, privilège étonnant, sa propre chaîne de radio et sa propre chaîne de télévision.

Le 15 juillet 1965, G. Papandréou est congédié par le jeune roi Constantin qui a pris la succession de son père mort. Un million d'Athéniens manifestent leur soutien à Papandréou. Le 21, Mikis Théodorakis prend la parole au cours d'un meeting. Pour traverser la foule, dense, il est porté sur les épaules d'un **lambrakidès** *de vingt-trois ans, Sotiris Petroulas. Quelques heures plus tard, le jeune étudiant est tué par une grenade lacrymogène. La police tente de faire disparaître le corps. En vain. Des policiers sont surpris en train de l'enterrer clandestinement dans le cimetière de Kokkinia. Mikis Théodorakis s'y rend en compagnie de membres de la Jeunesse Lambrakis. C'est l'épreuve de force entre les forces de l'ordre armées et la centaine de manifestants qui ont ramassé quelques cailloux. Mikis Théodorakis tente de parlementer avec le procureur qui dirige les opérations :*

« Vous allez permettre qu'on l'enterre sans que les siens puissent le revoir? Sans qu'ils puissent faire sa toilette et le pleurer?

— Ce sont les ordres!

— Les ordres de qui?

— Du ministre de l'Intérieur, l'amiral Toumbas.

— Et vous allez exécuter des ordres pareils?

— Que faire d'autre?

— Et les autres lois?

— Lesquelles?

— Les Lois des Morts. Les lois divines, comme vous dirait Antigone[4]. »

Sotiris Petroulas dont dix-sept membres de la famille ont été exécutés après la guerre civile sera veillé dans la maison familiale et escorté, jusqu'au cimetière, par ses amis.

Les Jeunesses Lambrakis n'ont jamais été aussi fortes, dynamiques, plantant des arbres, créant des clubs de jeunes grands ouverts à la culture, restaurant des églises, etc., mais par contrecoup se trouvent être la cible de plu-

---

4. Mikis Théodorakis, *Journal de Résistance*.

sieurs attentats. Il suffit de porter le badge « Z » pour être convoqué au commissariat de police. La musique de Mikis Théodorakis est interdite à la radio d'État pendant que ses disques battent tous les records de vente. Les syndicats, les sections locales de lambrakidès organisent des concerts-meetings avec celui qui s'identifie désormais à la lutte contre le régime. Devant la poussée populaire, le roi s'incline et accepte d'organiser de nouvelles élections le 28 mai 1967.

Mais dans la nuit du 20 au 21 avril 1967, des officiers factieux, conduits par le colonel Georges Papadopoulos, entrent en action. C'est le coup d'État. Le jour ne se lèvera sur la Grèce que sept ans plus tard. La lutte échevelée des deux dernières années devient souterraine. Le 1er juin 1967, la consigne numéro 13 de l'armée est ainsi libellée : « I. Nous avons décidé et nous ordonnons que dans le pays entier, il est interdit a) de reproduire ou de jouer la musique et les chansons du compositeur Mikis Théodorakis, l'ancien leader de l'organisation communiste maintenant dissoute, les Jeunesses Lambrakis, étant donné que cette musique est au service du communisme; b) de chanter toutes chansons utilisées par le mouvement des Jeunesses communistes [5], maintenant dissous par le & 8 du décret du 6 mai 1967, étant donné que lesdites chansons suscitent des passions et des luttes au sein de la population. II. Tout citoyen qui transgresserait cette consigne serait immédiatement traduit devant le tribunal militaire et jugé selon les clauses de l'état d'exception militaire. » Si quelqu'un pouvait douter du succès de l'entreprise culturelle et politique de Mikis

---

5. Le mouvement n'a jamais existé.

Théodorakis, du moins les colonels l'auront-ils détrompé.

Pendant les quatre mois qu'il passe dans la clandestinité, Mikis Théodorakis organise le Front patriotique, première organisation de résistance aux colonels, mais n'en continue pas moins à composer, tout comme il le fera pendant les deux ans que durera sa captivité. Et une fois libéré, il parcourt le monde pour hurler à la face de l'humanité l'horreur du régime des colonels. En quatre ans, il organise plus de trois cents concerts pour tenter de mobiliser les énergies contre les dictateurs qui, pourtant, ne quitteront le pouvoir que de leur plein gré en juillet 1974.

C'est alors qu'il peut, enfin, rentrer chez lui, rejoindre ceux au nom desquels il n'a jamais cessé de combattre, comme militant et comme musicien. Ceux-là vont retrouver sa silhouette familière de géant tout de noir vêtu dirigeant chanteurs et musiciens, ours maladroit, trop grand, trop large, agité de gestes gauches, tantôt coulés tantôt hachés, la jambe droite battant la mesure, les bras passant de mouvements ondulatoires aux moulinets les plus impressionnants, le visage tendu, les yeux mi-clos. Les premières secondes, c'est la gêne qui l'emporte. Distraction, anecdote plaquée sur une musique qui n'en souffre guère et s'en passerait bien. Impression fugitive. Car, lorsque se lève la voix de Maria Farantouri, parfois voilée, sourde et grave, parfois éclatante, limpide et claire, alors tout s'estompe. Note après note, l'ours devient oiseau, sa gesticulation danse incantatoire indissolublement liée à la partition. Celle-ci, pourtant déjà écrite, travaillée, répétée, semble ne plus exister, se dissoudre. Mikis Théodorakis, dans sa direction, la bouscule, la violente, l'abolit pour l'engendrer une nouvelle fois. Les musiciens, les chanteurs ont le regard rivé à ce sorcier descendu de l'Olympe et l'on se surprend à imaginer qu'un jour, par la magie d'une direction autre, la mélodie changera de cap. Mais cette mélodie, précisément, est trop forte, trop puissante pour que le spectateur puisse rester plus longtemps simple témoin, voyeur, d'autant que la ferveur de l'assistance l'entraîne, puissante comme un fleuve en crue, vers la fête et la lutte enfin réunies.

Après huit ans d'interruption, le dialogue avec ses compatriotes s'est renoué. Pour le rétablir, Mikis Théodorakis a repris le chemin des concerts populaires, d'Alexandroupolis à Kastoria, d'Athènes à Salonique, de Corfou à Chypre (qui, sans être tout à fait la Grèce, l'est un peu quand même). Mais au-delà de sa musique se profile, inévitablement, son combat politique. Ses concerts sont aussi (et peut-être avant tout) des meetings. Ce fut le cas dans toutes les villes de Thrace et de Macédoine de l'Est visitées pendant les premières semaines d'avril. Aujourd'hui, 21 avril 1975, est un jour un peu particulier, sans concert.

Ce jour-là, huit ans plus tôt, le 21 avril 1967 au matin, les riverains de la place Attiki, à Athènes, avaient été réveillés par les cris forcenés d'un homme : « Aux armes! », « Vive la démocratie! ». Pas même le temps de se mettre à la fenêtre. Le crépitement d'une rafale d'arme automatique avait fait taire l'homme. Déjà, depuis les premières heures du jour des chars avaient pris position place de la Constitution, autour du Parlement; d'autres contrôlaient tous les points névralgiques de la capitale; trois mille parachutistes avaient investi la ville; la troupe occupait les principaux bâtiments publics et des milliers d'hommes et de femmes avaient été arrêtés; députés, hommes politiques, syndicalistes, écrivains, journalistes, membres de la Jeunesse Lambrakis, tous démocrates et progressistes, retrouvaient ou découvraient les chemins de la prison, des camps de concentration ou des salles de tortures. Une belle pêche dans ce filet tissé par quelques colonels conseillés par des agents de la C.I.A., spécialistes de ce genre d'opération. C'était l'opération « Prométhée », le même nom que celle qui jettera le Cambodge dans la guerre. Rares étaient ceux qui étaient passés au travers des mailles. Mikis Théodorakis en était, pourtant, grâce à un providentiel coup de téléphone ami qui lui avait permis de devancer ses arrestateurs de peu. Échec de taille pour les nouveaux maîtres de la Grèce que la liberté de cet homme, dans un pays où la musique est aussi quotidienne que le pain, où, depuis toujours, elle est une arme des luttes populaires, chant d'amour, chant de guerre et chant d'espoir.

Le matin du 21 avril 1967, quand les colonels se furent assurés de la situation, un décret diffusé par Radio-Athènes annonçait que la Constitution était suspendue comme l'étaient les libertés individuelles, que la justice, désormais, serait rendue par des tribunaux d'exception, que les rassemblements étaient interdits, la censure réta-

blie, le couvre-feu instauré, jusqu'à nouvel ordre. Mais une demi-heure plus tard, le premier appel à la Résistance était lancé. Il était signé par le « Front patriotique contre la dictature ». Ses deux auteurs, Mikis Théodorakis et Yannis, son frère. Ainsi avait commencé la Résistance.

Aujourd'hui, huit ans après, un million de Grecs manifestent dans les rues d'Athènes, comme des centaines de milliers d'autres dans toutes les villes un peu importantes du pays, leur haine de la dictature et fêtent, une fois encore, la liberté retrouvée neuf mois plus tôt. Mikis Théodorakis est dans un hall d'hôtel des environs de Salonique, devant un poste de télévision, la rage au cœur, seul. La télévision nationale grecque évoque les premières heures de la dictature, mais celui qui fut le président du premier mouvement de résistance en est absent. Ceux avec qui il a organisé le « Front patriotique » racontent, émus, sévères et sentencieux, mais jamais ils ne prononcent le nom de celui autour duquel ils s'étaient rassemblés, de celui qui était devenu un des porte-drapeaux de la démocratie face aux colonels factieux.

Il est enfoncé dans un fauteuil, les épaules rentrées, comme engoncé frileusement dans un manteau trop petit. Tendu, les yeux presque disparus sous des sourcils épais et aujourd'hui trop froncés, il interpelle silencieusement ses anciens amis par des mouvements de mains incessants, quelquefois ponctués de hochements de tête. L'émission est longue, mais il reste jusqu'à la fin, incrédule, amer. Pas un mot. Pas un soupir. Le musicien souffre. L'homme politique est meurtri. Ils ne font qu'un.

Les revoilà donc ses anciens amis, ceux de la lutte des

années 63-67, ceux de la clandestinité des premiers mois de la dictature, ceux de la prison, ceux de Yaros, d'Oropos et autres camps, ceux de l'exil. Pas un n'a le moindre mot pour celui qui a lutté avec eux, celui dont la musique fut interdite par les colonels, cette musique devenue le symbole de la lutte et qui valut l'emprisonnement à une jeune fille surprise en train de l'écouter ou à un commerçant qui en avait vendu clandestinement des disques.

Et pourtant, neuf mois plus tôt, son retour d'exil avait été triomphal. Ils étaient venus plusieurs milliers l'acclamer à l'aéroport. Deux concerts donnés dans une Athènes redécouvrant la liberté avaient réuni plus de quatre-vingt mille personnes. Il y a une semaine, à peine, il avait rempli jusqu'à l'excès cinq jours durant, le palais des Sports de Salonique, Salonique où il est seul, ce soir. Hier, il était à Alexandroupolis, à quelques kilomètres de la frontière turque, vingt mille habitants et trois mille spectateurs. Les jours précédents, il était à Komothini, à Xanthi, à Drama, à Kavalla, à Serrai. Partout il a rempli deux salles dans la même soirée, dans cette Macédoine ou cette Thrace, rustres et rudes, loin d'Athènes, où seuls quelques mauvais films américains arrivent, où le seul avenir offert à la jeunesse est l'émigration, où les stigmates de la guerre civile sont encore visibles. Partout, les concerts ont été de véritables actes d'amour entre la salle et sa musique, entre la Grèce et lui. « Nous sommes deux amants, *dit-il,* qui se retrouvent après sept ans de séparation. Il faut redécouvrir un langage commun. Mais dès qu'à nouveau il s'établit, alors c'est l'extase. » *Pas un concert ne s'est achevé sans que la salle n'explose de ses chansons reprises en chœur, de danses, de cris, de pleurs, tandis que, de-ci de-là, se brandissaient des poings fermés et volaient des chemises, des pulls ou des foulards rouges et ce malgré la présence très souvent ostentatoire de la police, les pressions et les menaces de mort. Il n'est pas un village, un bourg ou une ville où Mikis Théodorakis ne soit connu, reconnu, consacré comme musicien, bien sûr, mais comme symbole politique aussi. Pas un concert pour lequel la scène n'ait été jonchée de fleurs, du rouge le plus vif au rose le plus pâle, témoignage de sympathie des représentants locaux du parti communiste « extérieur », du parti communiste « intérieur*[6] *», du Pasok*[7] *ou du mouvement de jeunes de la Démocratie nouvelle de Caramanlis, parfois. A Salonique, les divers groupes politiques de gauche en étaient même arrivés à se quereller pour savoir qui assurerait le service d'ordre et il a fallu beaucoup de diplomatie pour déterminer qui, alternativement, serait responsable de la scène, des coulisses, des gradins, des abords de la salle, la police présente en grand nombre se trouvant cantonnée dans un rôle de gardechiourme. Pas une ville où les sections locales des partis de gauche, sans exception, ne l'ait invité, quand les étudiants n'organisaient pas, comme ce fut le cas à Xanthi, une réunion publique à deux heures du matin, seul moment disponible dans cette tournée échevelée. Chaque jour des gens sont venus le voir pour lui rappeler qu'ils s'étaient connus dans tel ou tel camp de concentration, qu'ils avaient été lambrakidès, membres de la Jeunesse*

---

6. Le parti communiste de Grèce a éclaté en deux mouvements aujourd'hui opposés, le parti communiste de Grèce, dit « de l'extérieur » ou encore « orthodoxe » reconnu par l'Internationale communiste et assez proche de Moscou et le parti communiste grec, dit « de l'intérieur », plus indépendant.

7. Parti socialiste panhellénique dont le leader est Andréas Papandréou.

Lambrakis, et l'avaient rencontré au cours de la manifestation organisée après le plasticage de leur local, pour lui faire part de leur angoisse face à la situation politique présente, pour lui reprocher telle ou telle de ses récentes déclarations, pour l'assurer qu'ils ont supporté les années de dictature en écoutant sa musique, pour l'inviter à venir voir leur collection de journaux clandestins et de tracts imprimés pendant la Junte...

Ce soir, toutes ces images, toutes ces voix s'entrechoquent dans sa tête, face à cette télévision qui ne l'a pas invité à commémorer ce jour de triste mémoire. Si Mikis Théodorakis est un compositeur adulé par le public grec unanime, si chacun de ses propos résonne dans les masses populaires, il gêne, dérange et trouble le monde politique. Nulle part, les inclassables n'ont été très prisés. La Grèce ne fait pas exception. Personne ne lui conteste sa qualité de musicien mais beaucoup lui refusent son brevet de politicien. La droite l'accuse d'être un dangereux communiste; les appareils politiques de gauche le jugent comme un ami inconséquent; le plus grand nombre le voit comme un porte-parole déroutant. Qu'il soit un très grand musicien est le seul point sur lequel tout le monde s'accorde. Mais à partir de là, il est impossible de le classer sur l'échiquier politique. Pour lui, il faudrait créer une petite case spéciale, bien à part même si parfois elle doit se confondre avec celle d'un parti ayant pignon sur rue. Pas toujours le même. Alors la tentation de ses challengers politiques est de le neutraliser en le cantonnant dans son rôle d'artiste, de le contenir sur un coin de la scène politique, celui à partir duquel, avec ses chansons, il rameuterait et mobiliserait les foules auxquelles eux, les politiciens professionnels et conséquents, dispenseraient la bonne parole.

Ainsi, ce soir du 21 avril 1975, la classe politique l'a laissé seul, avec sa musique et son amertume, entre deux concerts, loin d'Athènes où elle se félicite de la chute de la dictature et fête le retour à l'air libre de la grécité, cette grécité avec laquelle Mikis Théodorakis se confond, tant par son désir que par son personnage, tant par son œuvre que par son mythe.

Politique et musique, marxisme et grécité... L'analyse se dissout. Il faut faire place à la parole.

Denis Bourgeois.

II

GRÉCITÉ

Dans les jardins
Dans les clos fleuris
Nous danserons comme autrefois
Et nous inviterons Charon
A boire et à chanter avec nous.

Prends ta clarinette
Je viendrai moi aussi
Avec mon baglamas

Je viendrai moi aussi!

C'est dans le feu du combat
Que tu m'as appelé, Charon.
Allons danser dans les jardins.

Dans les jardins
Dans les clos fleuris
Si je te prends, Charon,
Au piège de la danse et de la chanson
Offre-moi une nuit de vie.

Retiens ton cœur, douce mère
Ton fils est revenu
Pour un seul de tes regards

Pour un seul de tes regards!

Quand je suis parti
Pour le Front, mère,
Toi, tu n'es pas venue me voir.

Mikis Théodorakis.

La grécité, il faut en parler, parce que c'est cela même que les colonels ont voulu détruire. La grécité, c'est notre âme, c'est ce qui nous fait vivre, c'est notre passé et en même temps notre foi dans un avenir qui sera à la dimension de notre passé. Ce n'est ni du chauvinisme ni du nationalisme, mais quelque chose de bien plus grand, plus généreux, plus beau. Le peuple grec est comme un enfant. Tu peux facilement te l'attacher avec le sourire et la gentillesse mais tu le perdras totalement avec la dureté.

Mais la grécité ne signifie pas seulement la joie de vivre, n'est pas seulement une tradition historique. C'est aussi un besoin de sacrifice pour le bonheur et la liberté. Le Grec moyen est un homme débrouillard qui cherchera, à tout prix, à gagner de l'argent, à faire prospérer ses affaires. Nous sommes des marchands. Mais un jour vient où ce peuple de marchands se transforme en une armée de héros. Ce fut le cas, récemment, contre la dictature. Le monde entier disait que, désormais, la Grèce n'avait plus rien à attendre. Mais un jour est venu où trois cent mille personnes sont descendues dans la rue, contre les tanks. Cela peut paraître de la folie. Pour les Grecs, c'était la vie. Nous aimons la vie et puisque nous sommes dans un système où il faut gagner de l'argent pour vivre, nous gagnons de l'argent mais à la condition qu'on ne nous transforme pas en troupeau, qu'on ne nous vole pas notre conscience et notre liberté, parce qu'alors nous sommes prêts à tout remettre en question, à tout sacrifier, à tout abandonner. Depuis toujours, l'histoire du peuple grec s'est faite avec des gens qui partant de rien sont devenus très importants pour redevenir rien du tout, simplement parce qu'à un moment donné s'est posé le problème de la liberté et de la conscience.

On retrouve les mêmes comportements, c'est vrai, au Viêt-Nam, en Amérique latine, en Europe etc., à partir du moment où un peuple est provoqué par le destin. Mais chez nous la grécité prend une certaine couleur, parce qu'il ne s'agit pas seulement de la façon dont on se sacrifie, mais aussi de la façon dont on vit. Si dans la mort il y a une certaine uniformité — il n'y a pas trente-six façons de mourir, on est seul et c'est fini — la vie porte un héritage culturel, historique et social. Nous avons nos propres traditions historiques, notre propre civilisation populaire, notre façon de penser, d'aimer, de haïr, de chanter.

Chez nous, tout, ou presque, passe par des chansons et des danses. C'est notre façon de vivre. Et puis, la haine, même si elle est universelle, nous la vivons différemment. Nous pouvons haïr très vite mais oublier aussi vite. C'est comme le temps qui ondule, qui passe et repasse. Tout ceci fait partie de notre vie quotidienne, de ce quelque chose que rien ni personne ne pourra nous enlever. Il y a, de plus en plus, une universalité qui tente d'effacer les différences, d'uniformiser les comportements. Peut-être demain serons-nous tous habillés de la même façon, mais je ne crois pas qu'on puisse jamais faire oublier ses origines à un peuple. Et d'ailleurs pour contribuer à une civilisation mondiale, chaque peuple doit constamment revenir à ses sources.

Quelles sont les sources du peuple grec?

Nos sources, c'est l'histoire qui nous les a données, une histoire faite, sans cesse, de luttes pour le triomphe de la liberté. Dans notre poésie, dans nos contes, dans nos chansons, un sujet domine, la liberté. Ensuite, un visage apparaît, celui de la mère qui est un peu notre figure nationale. C'est elle qui vit les plus grands chagrins, les plus grands malheurs parce qu'elle a perdu un mari ou un fils dans cette lutte pour la liberté. Pour nous la mère, dans nos chansons, dans nos contes et notre poésie, est un peu synonyme de liberté. Après viennent la joie de vivre et la joie de la nature ainsi que la mort, l'amitié qui unit l'homme à la mort. Depuis toujours, la mort est tellement omniprésente dans la vie d'une famille, qu'elle est devenue pour nous un visage familier. Très souvent les Grecs, dans leurs chansons, dans leurs contes, boivent, dansent, discutent avec la mort. Ce sont des amis qui se fixent des rendez-vous. La mort n'est pas une abstraction métaphysique, elle est une amie qu'on appelle. Dans une de mes meilleures chansons, j'invite la mort à venir dans mon jardin, et à danser avec moi. Je lui demande de prendre son bouzouki avec elle tandis que moi je prendrais mon baglamas. Je lui dis : « Tu m'as appelé, mais nous étions en plein combat. Maintenant, je t'invite à danser et à te mesurer avec moi, dans la danse et dans le vin. Si je l'emporte, alors tu me permettras de revenir une minute, seulement, pour que je puisse revoir ma mère. Parce que le jour où je suis parti avec le train qui me prit au-delà de la vie, elle travaillait. » Il y a beaucoup de chansons comme celle-là dont les plus nombreuses et les plus anciennes viennent de la grande époque de Byzance, par transmission orale. Mon grand-père savait, je me souviens, des milliers de vers par cœur. C'est d'ailleurs grâce à cette tradition que les Grecs ont pu résister à la domination turque. Pendant quatre siècles, les Turcs ont tout tenté pour nous faire perdre notre identité, pour nous faire oublier notre langue et nos traditions. Sans succès.

Les deux piliers de notre résistance aux Turcs ont été notre langue et notre religion. La religion orthodoxe a, pendant tout le temps de l'occupation ottomane, été notre arme de défense. Elle n'a rien de mystique. Je crois au contraire que les Grecs ont un solide fonds de paganisme. Pour nous, le Christ est un peu comme Apollon, un dieu très homme avec qui on peut discuter, comme ça se faisait jadis. Les Grecs, aussi, sont matérialistes. Personne ne croit vraiment en l'au-delà, nous savons que le paradis est ici. L'enfer aussi. La religion n'était qu'un bouclier et l'église le point de rencontre, de ralliement, par lequel passait toute notre vie sociale, baptême, mariage, enterrement. C'est là que paysans et ouvriers venaient bien habillés. L'office était la fête à l'occasion de laquelle tout le monde pouvait parler à tout le monde. C'est très important dans un pays où il n'y avait pas d'autres luxes.

GRÉCITÉ

A ce moment-là, la messe était une sorte de fête païenne qui réunissait des gens bien plus avides de se retrouver, de communiquer que de célébrer le culte d'une divinité métaphysique. C'est dans et avec l'Église que des générations et des générations ont été élevées, mais une Église toujours ensoleillée.

La première communion des enfants, c'est leur premier amour, c'est le moment où garçons et filles peuvent se voir et se rencontrer. Le sacrifice par amour est tout à fait conforme à la tradition grecque. Bien avant les premiers chrétiens, nous chérissions cet idéalisme, ce mythe du sacrifice pour la liberté. C'est l'histoire de Prométhée. En fait, je pense que le christianisme a été très influencé par l'esprit hellénique. Et dans l'Évangile nous trouvons aussi certaines de nos sources, comme nous en trouvons beaucoup dans les cantiques byzantins. Pendant dix siècles, à Byzance, notre musique et notre poésie se sont forgées. A cette époque-là, les dogmatiques (déjà) ne permettaient pas que les instruments entrent dans le temple et par conséquent la musique était entièrement vocale. Pourtant, c'est à Byzance qu'est né l'orgue dont un de nos rois a fait cadeau à Charlemagne qui l'a immédiatement fait entrer à l'église, ce qui a permis le développement des sciences du son, la naissance de la théorie de l'harmonie, du contrepoint, de la musique instrumentale, etc.

Dans l'Église orientale orthodoxe, nous nous sommes contentés d'un langage exclusivement mélodique qui n'en est pas moins extraordinaire. Nous sommes, en effet, allés jusqu'aux limites les plus reculées de la mélodie. Et ce fut, pour nos ancêtres, une école fantastique. L'église était pour eux ce qu'est pour nous le cinéma, le théâtre et le concert. Tout le monde y allait et c'est là que se faisait la première éducation musicale. Sans en avoir conscience, les gens s'initiaient à une musique extraordinaire qui n'existe pas en Occident. Même Bach n'a pas atteint le génie musical des compositeurs de Byzance. Et tout cela s'est perpétué jusqu'à nos jours. Tous les Grecs d'aujourd'hui connaissent ces mélodies qu'on retrouve très fidèlement dans certaines chansons populaires, ces chansons lentes qui en sont les sœurs jumelles.

Parallèlement à ces mélodies byzantines, nous avons des danses, parce qu'à côté des offices, le second point de ralliement des Grecs était les fêtes organisées à l'occasion des mariages ou de la célébration des saints patronaux. Et Dieu qu'il y a de saints en Grèce! Notre tradition est riche de centaines de danses qui viennent de toutes les régions mais qui ont toutes des points communs.

C'est sur tout cet héritage que les poètes ont bâti leurs œuvres. Et peut-être est-ce dans le domaine de la poésie que le génie grec s'est épanoui de la façon la plus large, la plus efficace et la plus solide? Nos poètes sont vraiment des génies et seule la barrière du langage n'en a pas permis le rayonnement international. Séféris a bien eu le prix Nobel, mais il en est d'autres, aussi grands, voire plus grands que Séféris. Le fait prodigieux et qui n'existe, je crois, qu'en Grèce, c'est l'extraordinaire liaison qui s'est établie entre les poètes et le peuple grec, l'importance du rôle que les poètes ont joué dans l'histoire nationale.

Une chose est étonnante dans la chanson grecque, c'est que le texte qui est souvent au second, voire au troisième

GRÉCITÉ

degré et qui n'est jamais facile, est toujours parfaitement reçu, même par les publics les plus frustes.

C'est le résultat d'une culture populaire vieille de plusieurs centaines de siècles. Nous étions jusqu'à il y a très peu de temps un peuple de paysans [1] et ce sont les paysans qui ont fait notre poésie, souvent très elliptique, parfois surréaliste, toujours avec de fantastiques images et une richesse d'expression extraordinaire. Dans nos traditions populaires, la poésie, comme la musique, a toujours tenu une très grande place. Et puis, les grands poètes ont toujours été très proches du peuple qui leur faisait un écho très large. Dans les années 1800, le signal de la guerre pour la libération de la Grèce a été donné par un poète, Rigas Ferraios, qui avait déjà l'idée de l'unité balkanique. Il fut arrêté par des Autrichiens, livré aux Turcs et étranglé à Belgrade. C'était un poète et un militant avant l'heure.

Un autre barde de la liberté fut Solomos, à qui on doit l'hymne national, et qui fut un des leaders de l'indépendance. Ce n'est pas par hasard si pendant les périodes d'occupation fasciste, musique et poésie sont interdites, car en Grèce, musique et poésie sont toujours subversives. La résistance contre les Allemands a véritablement commencé le jour des funérailles du grand poète Palamas. Il y avait cent ou deux cent mille personnes au cimetière et un autre poète présent, Sikelianos, a dit : « C'est la Grèce qui s'appuie sur ce cercueil. » Tous les présents ont juré sur la tombe de combattre pour la libération du pays. Le poème que Sikelianos avait prononcé en guise d'oraison

1. En 1909, Athènes comptait moins de 200 000 habitants.

funèbre fut recopié vingt fois par chacun des participants à l'enterrement et se répandit ainsi dans toute la Grèce en une semaine. Pour tous les Grecs, il devenait le signal d'alarme, le clairon qui sonnait la lutte contre les nazis.

Ce qui fait véritablement la spécificité de la grécité c'est que la culture, notre poésie, notre musique, nos danses, joue un rôle déterminant dans l'histoire. Ce n'est pas quelque chose qui est à part, qui se limite au temps du loisir. La musique, en Grèce, n'est pas un divertissement; elle a une fonction sociale. Quand, chez nous, on fait un dîner, on commence par manger et boire un peu. Et puis tout de suite, au milieu du repas, tout le monde s'arrête. Alors, le plus vieux commence à chanter et chacun continue à son tour. Après quoi on se remet à manger. Puis on rechante encore... La liberté, pour les Grecs, c'est le pain et la musique. Le chant comme la danse, c'est beaucoup plus qu'un rituel, c'est une nécessité où s'expriment la solidarité, l'angoisse, l'espoir et la joie. Pendant la guerre civile, quand on exécutait les partisans, souvent ils éprouvaient le besoin de danser à la dernière minute.

Je me souviens quand en 1946 nous étions encerclés par la police, sur la place de la Concorde (Omonia) à Athènes. C'était à l'occasion d'un meeting contre les élections truquées qui allaient avoir lieu. On était sûrs d'être tués. Il n'y avait aucune issue. Alors, tous, nous avons commencé à chanter et à danser en attendant la mort. Ce jour-là, d'ailleurs, je suis mort, c'est du moins ce que les journaux ont annoncé le lendemain. Si j'ai survécu, c'est parce que je dansais et non parce que j'avais du courage. La danse est une nécessité et ceux qui ne peuvent pas danser chantent. C'est ça la grécité. Devant une grande difficulté, devant une grande responsabilité, devant la mort, les Grecs cherchent à s'épanouir, à se dépasser par la poésie, la musique ou la danse.

J'ai écrit ma première symphonie pendant la guerre civile. J'étais en déportation. Je l'ai dédiée à deux hommes, Makris Karlis et Vassilis Zanos, deux amis. Le premier, un ami d'enfance, était lieutenant dans l'armée nationale. Il n'était pas fasciste, mais légaliste. En 1948, j'étais clandestinement à Athènes et je savais que j'étais recherché, que j'allais être pris et exécuté. Je lui ai demandé de m'aider, de me faire sortir d'Athènes. Il était officier, il pouvait circuler librement et ce n'était donc pas très difficile pour lui. Il a refusé en me disant qu'il ne pourrait continuer à vivre et à combattre s'il savait que j'étais de l'autre côté avec les communistes qu'il pourchassait, et qu'il risquait de me tuer. Tandis qu'Athènes n'étant pas de son ressort, si je devais mourir, ce ne serait pas de sa main. Quelques jours plus tard, j'étais arrêté. Mais j'ai eu beaucoup de chance parce que j'ai été pris par un service qui me recherchait pour des activités antérieures et je ne risquais que l'exil, sauf si on me reconnaissait, auquel cas c'était la mort. Après deux mois d'isolement, un jour, on m'a envoyé à la Sûreté pour me faire comparaître devant les policiers chargés de reconnaître les activistes des réseaux clandestins. Ce même jour, des partisans avaient déclenché une attaque meurtrière contre des forces nationalistes et les flics étaient tellement furieux que, lorsque je suis sorti de la voiture qui m'amenait au poste central pour être, éventuellement, reconnu, j'ai été battu, tellement battu que j'étais défiguré. J'étais une masse de viande crue. Je ne tenais plus debout. Quand ceux qui me recherchaient sont passés devant moi, ils ne m'ont pas reconnu. Le soir même, j'étais dans un bateau pour Icaria, la déportation. C'est à ce moment-là que j'ai appris que Makris Karlis était mort. Sa jeep avait sauté sur une mine et il avait été pulvérisé. C'était mon meilleur ami.

Vassilis Zanos, à qui j'ai également dédié cette première symphonie, était communiste. Il m'impressionnait beaucoup, à cause de son idéalisme, de sa passion idéologique et de son détachement de la vie. J'ai fait sa connaissance au moment de la Libération. Je l'avais revu quelquefois ensuite. Quand je suis arrivé à Icaria, on m'apprit qu'il venait d'être pris et exécuté.

Or il y a quelques mois, cette année, un homme est venu me trouver. Pendant la guerre civile, il avait assisté à l'exécution d'un partisan qui l'avait tellement impressionné que depuis il n'arrivait plus à oublier. Ce partisan, c'était Vassilis Zanos. Mon interlocuteur était à cette époque dans l'armée nationale, cantonné dans le nord d'Athènes, là où chaque jour vingt partisans étaient fusillés (en deux ans, il y a eu, dans toute la Grèce, seize mille exécutions). Tous les jeunes soldats étaient obligés de faire partie des pelotons d'exécution.

Un jour, au petit matin — parce que les exécutions avaient lieu la nuit, aux projecteurs, pour que le public ne sache rien — il a vu arriver un fourgon de condamnés à mort. Tout de suite en est sorti un garçon blond, qu'il a vu apparaître sous les projecteurs, beau comme Apollon. Dès l'ouverture de la porte du fourgon, le prisonnier avait dit à ses camarades : « Allons à la mort en dansant. » Et tous les autres l'avaient suivi en chantant et en dansant, cette mélodie qu'avaient entonnée un siècle avant eux les femmes de Souli que les Turcs avaient encerclées, et comme nous l'avions fait quelques années plus tôt, place de la Concorde :

> *Le poisson ne vit sur terre*
> *Ni la fleur dans le marais*
> *Et les Grecs ne peuvent vivre*
> *Privés de leur liberté.*

Cette chanson et cette danse sont, pour nous, le plus beau symbole de la liberté. C'est en dansant que les condamnés ont pris place devant le peloton! Et l'ancien soldat m'a raconté que Vassilis Zanos, comme il voyait que les soldats tremblaient, leur a dit : « Ne tremblez pas, nous allons mourir pour vous aussi. Nous mourons pour la Grèce, pour que tous les Grecs soient libres. Maintenant, tirez! » Mais quand ils firent feu, ce fut une image d'enfer parce qu'aucun des hommes du peloton n'avait osé porter un coup mortel. Les partisans n'étaient que blessés, quelques-uns à terre, d'autres encore debout et il y en avait même deux, un grand et un petit, qui se tenaient involontairement appuyés l'un sur l'autre. Finalement, c'est la police militaire qui les a achevés, à la mitraillette.

J'avais un autre camarade Pavlos Papamercouriou. J'étais avec lui pendant la guerre civile. Quand il a été pris, on lui a cassé la colonne vertébrale. Mais son seul souci était de mourir debout. Alors il a demandé à être mis sur une chaise pour être tué. C'est à sa mémoire que j'ai écrit la *Ballade du frère mort*.

Évidemment on peut dire que c'est dans la tradition

héroïque de tous les mouvements révolutionnaires mais je pense que chez les Grecs, il y a quelque chose de plus que l'héroïsme : la culture et ce recours à la danse et à la chanson manifestent la présence permanente du pathétique et de l'humain dans la lutte révolutionnaire.

Pendant la Junte, les Grecs ont-ils continué de chanter et de danser?

Ils n'ont jamais cessé et je crois que ce fut, pour nous, un des moyens de tenir le coup pendant la dictature. Mais, ils étaient obligés de chanter et de danser clandestinement. La Junte a bien essayé de les en empêcher, mais jamais personne n'a pu nous arrêter. Même les Allemands. Aucune force, jamais, ne pourra nous contraindre au silence et à l'immobilisme.

Quand j'étais en résidence surveillée, à Zatouna, les policiers qui me gardaient étaient, en fait, opposés aux colonels. Alors, de temps en temps, nous partions, mes seize gardiens et moi, dans la montagne, pour chanter. Dans les prisons, tous les soirs entre sept et huit heures, nous dansions et ensuite après huit heures, dans nos cellules, nous chantions. Un jour, alors que j'étais à Bouboulinas[2], j'avais demandé à aller aux toilettes. Il devait être huit heures du soir. Dans les toilettes, il y avait une petite fenêtre et j'ai commencé le premier vers d'une chanson et ensuite, chaque cellule, sur le même thème, l'a poursuivie. Un vers, un vers, un vers. Toutes les cellules de la Sûreté, du bas en haut, enchaînaient

---

2. Bouboulinas, quartier général de la Sûreté, un des hauts lieux de la torture.

un nouveau vers et on composait, comme ça, des chansons. Les gardiens, eux aussi, chantaient, et même parfois mes chansons qui pourtant étaient interdites. La seule différence avec les détenus, c'est qu'ils ne connaissaient que les anciennes chansons, celles d'avant le coup d'État.

A Oropos, même chose; c'était un camp de concentration, mais les gens du village, tous les soirs, quand nous finissions de manger, venaient nous écouter. Il arrivait même que les gendarmes, dehors, se missent à danser. Je le sais, parce qu'une fois, nous nous étions brutalement arrêtés, je ne sais plus pourquoi, et ils sont venus protester : « Pourquoi avez-vous cessé de chanter? Nous, on dansait. »

Autrement dit, tout ça c'est le contraire du folklore. Ça n'entre pas dans le domaine du tourisme, de l'amusement ou de la petite histoire. C'est une dimension que nous avons et que nous voulons garder. Nous ne voulons pas commercialiser, touristifier ni folkloriser ce qui fait notre vie quotidienne. Le rôle de l'artiste, en Grèce, est fondamental pour notre fonctionnement organique, national et populaire. Ça aussi, c'est un visage de la grécité. *Ti romiossini.*

Est-ce que la Junte disparue, votre musique va changer de style? Sera-t-elle, par exemple, moins dramatique et plus « jolie »?

Jolie? Je crois qu'un compositeur doit aller au fond des choses et dans notre histoire, il y en a des choses. Nous les Grecs, nous avons vécu trois périodes d'occupation : turque, d'abord, nazie ensuite, fasciste et impérialiste, enfin. Tout cela marque profondément un peuple. Un changement, comme celui qui vient d'avoir lieu en Grèce, est très important, mais il n'est pas de nature à marquer ce qu'on pourrait appeler les grands problèmes existentiels qui demeurent, quoi qu'il arrive bien en dessous de la surface. Tant d'événements nous ont complètement désillusionnés. Évidemment, nous continuons à chanter, sinon nous mourrions. Mais pour moi, quelque chose s'est cassé. J'ai perdu mon innocence dans les camps, dans les prisons, sur les mains de mes tortionnaires. Je ne suis plus le même. Toutes les illusions que j'avais, je les ai perdues. C'est triste. Néanmoins, la vie est plus forte que tout. Et je crois que petit à petit, elle va reprendre le dessus.

Et maintenant vous allez vous consacrer à la musique ou rester aux premières lignes du combat politique?

J'aimerais me consacrer à la musique. Mais je ne serai tranquille que lorsque mon pays sera totalement libre, lorsque je n'aurai plus à craindre que, chez moi, il y ait un dictateur et des fascistes qui torturent et exploitent le peuple grec. L'artiste est un homme sensible qui ne peut composer tant qu'autour de lui règne l'injustice. Moi, je veux vivre dans une société d'égalité, avec des relations humaines. Le socialisme. Alors, et alors seulement, je ne ferai plus que de la musique. Mais ce n'est pas le cas pour l'instant.

GRÉCITÉ

Comment se fait-il que, le jour où toute la Grèce commémore le coup d'État des colonels, vous soyez ici, complètement isolé, que personne n'ait sollicité votre présence?

Panique. Ils sont paniqués. Tous, quels qu'ils soient, ont peur de l'impact que je pourrais avoir sur les masses et sur la jeunesse. Ils savent que je pourrais inspirer un grand rassemblement populaire. A cause de la musique, à cause de mon passé militant, à cause de mes idées. Ils ont compris qu'il leur était impossible de me manipuler, d'entamer mon indépendance que je préserverai toujours farouchement. Alors ils ont peur et font tout pour me neutraliser. Ils pensent que me faire intervenir publiquement risquerait d'attirer à moi les masses et la jeunesse.

Et puis certains me reprochent, encore, le soutien relatif que j'ai apporté à Caramanlis au moment de son retour[3]. C'était, je crois, une position courageuse et je suis certain qu'à long terme, pour le peuple, c'est une attitude payante : le peuple a vu et compris que devant l'intérêt national, je savais m'incliner. Parce qu'il s'agissait bien d'intérêt national, au-delà des querelles partisanes. Maintenant, plus que jamais, le peuple grec sait qu'alors que je pouvais jouer la carte du leader soi-disant révolutionnaire, organiser mon propre parti, ou en tout cas revendiquer un rôle de chef de parti, je n'ai eu qu'un seul objectif : l'intérêt national. Il sait aussi que

3. Lors des premières élections législatives organisées après la chute des colonels, en décembre 1974 par le gouvernement Caramanlis, Mikis Théodorakis, candidat non inscrit mais appartenant à la famille des gauches, a déclaré à un journaliste français que le choix se résumait à « Caramanlis ou les tanks ».

tout ce que j'ai déclaré publiquement, c'est ce que les autres pensaient tout bas. Ma conduite politique de ces derniers mois a été de faire une synthèse : être au service du peuple, être au service de la révolution populaire et du communisme mais en même temps servir l'intérêt national qui est aussi l'intérêt du peuple. Notre objectif immédiat doit être la démocratie et le seul homme politique qui pouvait aujourd'hui y conduire la Grèce, compte tenu de tous les impératifs historiques, c'est Caramanlis. Le reste n'est que de la salade. Et finalement Andréas Papandréou, par son attitude, fait beaucoup plus le jeu de Caramanlis que je n'ai pu le faire en prononçant cette fameuse phrase « Caramanlis ou les tanks ».

Aujourd'hui la presse athénienne recommence contre moi la conspiration du silence, comme elle l'avait déjà fait en 1961. Avant, elle était très bavarde à mon sujet. Elle me considérait comme un très grand compositeur. Mais un jour elle a compris que j'avais aussi une action politique et ce fut le rideau, le silence total. Il ne me restait plus que le contact direct avec le peuple, c'est-à-dire les concerts. Jusqu'au moment de l'assassinat de Lambrakis où, alors, elle s'est déchaînée contre moi. Maintenant c'est la même chose. Quand je suis rentré en Grèce, tous les journaux citaient mon nom à tout propos. C'est même en partie pour cela que j'ai organisé une tournée à l'étranger. C'était insupportable. Et puis ensuite ils ont essayé de me cataloguer, de m'identifier à un parti politique défini. Des rumeurs ont circulé selon lesquelles j'étais avec le parti communiste orthodoxe, parce que j'avais accepté une invitation à Moscou, d'autres disaient que je me rapprochais du parti communiste

GRÉCITÉ

intérieur jusqu'à ce que j'aie un petit différend avec Illiou... Bref, ils ne supportaient pas mon indépendance. Et enfin, quand j'ai commencé cette première tournée dans tout le pays, quand ils ont vu l'immense succès que j'obtenais, que toute la Grèce était attentive, alors ils ont recommencé le boycott.

Et je suis persuadé qu'il y a préméditation : au début il était prévu que les grands journaux d'Athènes couvriraient cette tournée qui est la première que je fais en Grèce depuis huit ans. Finalement personne ne s'est déplacé. Au contraire les correspondants locaux ont envoyé des papiers qui ne sont jamais passés. Voilà pourquoi quand on évoque le coup d'État des colonels, on invite tous ceux qui ont pris part à la résistance, sauf moi. Et pourtant, tout le monde sait que c'est moi qui ai organisé le premier mouvement de résistance. Tout le monde sait que pendant deux ans, au moins, après le coup d'État c'était de notre action dont on parlait le plus. Mon arrestation avait soulevé un intérêt international fantastique. Le gouvernement soviétique était intervenu en ma faveur. C'était même sa première démarche très sévère auprès du gouvernement de Papadopoulos. Dans le monde entier, des comités avaient été formés pour me défendre. Les plus grandes personnalités en France, en Angleterre, en Union soviétique, Chostakovitch, par exemple, aux États-Unis, Bernstein et Arthur Miller ont protesté contre ma détention. Mais ici, c'est comme si l'opinion publique n'existait pas.

Hier soir, par exemple, l'hôtelier et des gens de passage m'ont dit : « Demain nous penserons à toi, parce que ce sera l'anniversaire d'une grande journée, celle du commencement de la lutte. » Le peuple n'oublie pas. Mais les appareils politiques, les journaux, la télévision n'ont pas honte. Pas plus d'ailleurs que certains de mes amis, ceux avec qui j'ai organisé le Front patriotique, avec qui j'ai lancé le premier appel à la résistance et qui, lorsqu'on les interroge sur les premiers instants de la dictature, ne disent rien! Quant aux journaux de gauche, ils vont plus loin encore, puisque dans leur évocation de notre lutte, ils ne citent même pas le Front patriotique. C'est comme si en France, on fêtait la victoire contre les Allemands sans faire allusion aux F.T.P. ou aux F.F.I.

Ce black-out me concernant dépasse largement la période de la dictature. Aujourd'hui on ne parle plus de la Jeunesse Lambrakis. *Idem* pour le mouvement culturel.

Le temps passe et je commence à voir clair. Je m'aperçois, surtout ici en province, que j'ai beaucoup semé. Je suis comme Ulysse, Pénélope m'attendait. Mais ses prétendants veulent ma place. Ils ont pris ma musique. Ils ont récupéré le mouvement de la jeunesse auquel j'ai consacré ma vie. Ils nient mon action de résistant. C'est de là que vient le malaise. Je revendique le rôle qui est le mien, celui d'être l'un des porte-parole du peuple grec.

Croyez-vous à votre destin national?

Ce n'est pas à moi de décider si j'ai, ou non, un destin national, mais à l'histoire. N'a pas un destin national qui veut. Le filtre de l'histoire, c'est-à-dire le filtre populaire, juge pour les hommes quelle que soit leur ambition propre. Pour ma part, mon ambition est double : d'une part laisser une œuvre qui soit adoptée par le peuple et qui, par là, contribue à sa victoire, à son bonheur et d'autre part être l'exemple d'un citoyen responsable. C'est peu et c'est beaucoup. C'est le moins qu'on puisse attendre d'un homme sensé et c'est le plus qu'on puisse espérer, dans les flots tumultueux de l'histoire.

III

LA HONTE

Ce que tu fus jadis, tu le redeviendras
Il le faut, mais il te faut pleurer
Tu dois aller au fond de ta déchéance
Que tout — jusqu'aux assises des montagnes — te soit arraché
Tu es grec
Tu bois la trahison avec le lait, tu la bois avec le vin
Tu dois aller au fond de ta déchéance, il te faut découvrir,
   il te faut t'accomplir,
Ce que tu fus jadis, tu le redeviendras.

Chansons pour Andréas
de M. Théodorakis
mises en musique en 1968.

Cette première tournée depuis 1967 et ces presque premiers concerts (si l'on fait exception de deux précédents donnés à Athènes aussitôt après la chute de la Junte), Mikis Théodorakis a voulu les commencer dans la Grèce du Nord, celle où ont eu lieu les derniers combats de la guerre civile, celle où l'emprise de l'armée a toujours été la plus forte parce que celle où les partisans étaient les mieux implantés. Une sorte de test.

Hier, c'était Serrai où Mikis Théodorakis a quelques souvenirs : en 1964, il était venu y prendre la tête d'un groupe de volontaires qui reconstruisaient la permanence des Jeunesses Lambrakis qu'un attentat avait détruite. Cette fois-ci la violence ouverte ne fut pas de mise mais les autorités militaires avaient consigné la troupe. Il n'aurait pas été bon que les jeunes recrues courent le risque d'être contaminées par cette musique aux accents par trop politiques.

Aujourd'hui, l'objectif est Kavalla, port militaire du nord de la mer Égée. La route serpente au cœur d'une Macédoine verdoyante au soleil timide d'avril. Les vallées riches et grasses, de-ci de-là parsemées de champs de tabac, succèdent aux larges étendues désertes et sèches, battues par les vents. Les villes et les villages rencontrés rassemblent blocs de béton sans grâce et maisons à colombages et étages en encorbellement qui annoncent la Bulgarie et la Turquie, proches. On traverse Néa Zichni, gros bourg de quelques milliers d'habitants : « Ici, commente Mikis Théodorakis, jusqu'en 1960, c'était la nuit. Je me souviens y être venu cette année-là, avec un ami poète et les gens nous embrassaient les mains! » Un peu plus loin, un village dont l'entrée se signale par un panneau de taille moyenne, soigneusement entretenu sur lequel de jolies lettres blanches sur fond bleu (les couleurs du drapeau national) dénoncent le communisme comme l'ennemi irréductible de la famille, de la patrie, de l'éducation, de la religion et des valeurs traditionnelles. Là, Mikis Théodorakis ne peut résister. Il s'arrête, descend de la voiture et détruit l'écriteau devant le regard médusé de quelques autochtones d'abord silencieux. Comme par enchantement, d'autres apparaissent, émergeant d'une haie, d'un tas de bois ou d'un fossé et tous l'applaudissent et le remercient. Un seul l'accuse et menace de le dénoncer.

Dans ces régions ont eu lieu de très durs combats pendant la guerre civile et tous les gouvernements qui se sont succédé à Athènes, depuis ces années de luttes fratricides, se sont bien gardés de les sortir de leur sous-développement économique et culturel. Près de vingt pour cent de la population y est encore analphabète. Et non contente de son pouvoir et de sa force, l'armée y entretient des milices paysannes. Dans chaque village, elle dispose de « brigades d'intervention ». Ce sont des paysans endoctrinés qui ont subi de véritables lavages de cerveau. Ils sont armés et entraînés régulièrement pour le cas d'une nouvelle guerre civile. Les autorités administratives, les maires et les préfets n'ont aucun pouvoir sur ces brigades qui dépendent de l'armée et d'elle seule. Tous les mois, un officier vient passer en revue ces miliciens qui sont les seuls civils à disposer légalement d'armes de guerre. Le nouveau gouvernement Caramanlis n'a pas encore pris de mesures contre cette armée parallèle. Il faut dire que rien ne peut se faire du jour au lendemain. Il faudra beaucoup de temps pour abattre les dernières séquelles du fascisme, que ce soit celles de la Junte ou celles des gouvernements qui l'ont précédée. C'est la même chose pour tous les panneaux d'endoctrinement. Des ordres ont été récemment donnés pour qu'ils disparaissent. Beaucoup ont été détruits mais il en reste encore et il en restera longtemps, ne fût-ce que par négligence. Je ne me fais pas d'illusion. Lorsque, pendant la dictature, je suis revenu dans mon village pour la première fois — je venais d'être placé en liberté surveillée — j'ai vu de ces panneaux que nos nouveaux « maîtres » avaient fait placer pour vanter leurs mérites, j'en ai été malade. Et puis, petit à petit, je m'y suis habitué comme tout le monde. Mais on ne soupçonne guère les effets pernicieux qu'ils peuvent avoir.

Neuf mois donc après la chute des colonels, si la démocratie a retrouvé droit de cité à Athènes, elle est encore timide dans le Nord. Certes l'armée et la police ont perdu leur toute-puissance, mais elles sont toujours, l'une et l'autre, présentes et veillent. Moins efficacement mais plus sournoisement. Témoin la présence massive de la police dans les salles de cinéma devenues salles de concert pour un soir, l'interdiction faite aux bidasses de Serrai de venir à la rencontre de Mikis Théodorakis...

Il aura donc fallu que ces dictateurs allant d'échec en échec trouvent leur va-tout dans un nouveau coup d'État, rompent le fragile équilibre qui régnait à Chypre et plongent cette île dans un bain de sang, que cette armée au pouvoir, pourtant si imbue de sa force, se laisse culbuter sans résistance par les troupes turques et entraîne avec elle deux cent mille réfugiés (sur une population de six cent mille personnes) pour qu'enfin la démocratie redevienne grecque. Mais la crise cypriote suffit-elle pour expliquer le sabordage de la Junte?

Certainement pas. Même si livrer Chypre aux Turcs constituait un arrêt de mort pour le régime des colonels — mais c'eût été la même chose pour tout autre régime — il serait aberrant de se limiter à la crise cypriote pour comprendre et expliquer la chute de la Junte. Il faut d'abord se demander qui étaient ces colonels, qui ils représentaient, quels étaient leurs objectifs, comment ils en étaient arrivés là? Le coup d'État contre Mgr Makarios, l'invasion de l'île par l'armée turque et la terreur qui en a résulté n'ont jamais été que la dernière aberration d'un régime dont les hommes et les mécanismes étaient dans un état de décomposition avancée. Pour bien comprendre la situation, il faut revenir loin en arrière savoir pourquoi quatorze officiers ont pu imposer une dictature à huit millions de personnes.

La Grèce, comme l'Espagne et le Portugal, vivait sous un régime autoritaire et fasciste. C'est le seul rapprochement qu'on puisse, à mon avis, faire entre ces trois pays dont les gouvernements étaient d'origine et de formation très différentes. Pour la Grèce, le fait particulier était une oligarchie qui, depuis l'Indépendance, en 1830, s'était totalement mise au service de l'hégémonie étrangère. Ce furent d'abord les Russes puis les Français, puis les Anglais (lesquels nous ont d'ailleurs imposé la royauté pour mieux nous contrôler) et enfin les Américains. Ceux-ci ne sont intervenus qu'à partir de 1947, quand les Anglais ont commencé à perdre pied devant un courant populaire de plus en plus dynamique et de plus en plus efficace. Les Américains sont donc intervenus en plein milieu de la guerre civile, mais plus sournoisement que leurs prédécesseurs, c'est-à-dire sans leur armée mais avec leur argent et leurs conseillers. Ainsi ont-ils pris en main, en douceur, tous les rouages du pouvoir, l'armée, la police, l'État, l'économie. Cette prise de possession s'est concrétisée, en 1953, par les accords conclus par le gouvernement Papagos[1] qui placent, en théorie

---

1. Accords signés secrètement, le roi étant absent et le Parlement en vacances, qui permettaient à l'armée américaine pratiquement d'annexer le territoire grec. Sous menace d'être exclue de l'O.T.A.N., la Grèce autorisait l'armée américaine à utiliser, librement, routes, chemins de fer et régions entières, à laisser entrer et sortir, sans aucun contrôle, de son territoire, tous les militaires américains, à exempter d'impôts les activités américaines, etc.

et en pratique, la Grèce sous le contrôle absolu des États-Unis et en particulier de l'armée américaine. A tel point qu'en Amérique même le pouvoir de décision nous concernant passe progressivement de la direction politique à la direction économico-militaire, pendant que dans notre pays l'axe de la politique américaine se déplace des politiciens aux militaires. Les officiers grecs, bêtes de somme et valets de la politique américaine, triés sur le volet, sont soumis à un traitement spécial jusqu'à ce qu'ils deviennent serviteurs zélés et indéfectibles. On dépense des sommes prodigieuses pour les services secrets, les corps de sécurité, les unités spéciales et leurs équipements techniques modernes. Peu à peu, donc, toute la vie du pays (économie, syndicats, jeunesse, enseignement, corporations, partis, etc.) tombe sous le contrôle direct ou indirect ou sous l'étroite surveillance des services américains ou de leur prolongement, l'armée nationale.

Pendant vingt ans, les services américains ont ainsi creusé en toute impunité un tunnel profond sous l'étendue de notre vie nationale, de façon à pouvoir finalement la ronger tout entière et gouverner immédiatement et sans intermédiaire dès l'instant où ils le jugeraient nécessaire. En 1967, la Grèce était un État dans lequel subsistaient, apparemment, quelques libertés démocratiques. Le gouvernement était déterminé et régi par une constitution, tout comme le Parlement, mais parallèlement existait une autre constitution, non écrite, celle-là, qui était la loi du plus fort, la loi de l'oligarchie, des formations politiques bourgeoises, du palais royal, la loi des Américains, leurs maîtres.

Que s'est-il passé le 21 avril 1967? Un levier a été

actionné, un plan a été appliqué qui était établi depuis longtemps et soudain huit millions d'hommes et de femmes, un prodigieux mouvement de masse, des partis, un Parlement, etc., se sont trouvés plongés dans la terreur. Ce jour-là, les grands mécanismes minutieusement élaborés par l'O.T.A.N., la C.I.A., le Pentagone et quelques autres services américains sont entrés en mouvement. Ces mêmes services qui peuvent assassiner cinq cent mille communistes en Indonésie, des millions d'hommes au Viêt-nam, à Saint-Domingue, au Chili... partout et toujours impunément. Ces puissances occultes qui vont jusqu'à tuer leur propre président, sous les yeux de millions de téléspectateurs, sans jamais rendre de compte à personne.

Les colonels n'ont tout de même pas agi uniquement pour le compte des services secrets américains?

Initialement les hommes de la C.I.A. étaient, en grande majorité, des bourgeois, des universitaires de Harvard, des résidus de l'intelligentsia. Puis, il y a eu un tournant. La C.I.A. s'est « démocratisée ». Elle a employé des agents professionnels et a progressivement écarté les premiers. Les « intellectuels », qui étaient de formation bourgeoise, avaient établi leurs contacts avec la grande bourgeoisie grecque, avec les généraux, avec le roi. Les professionnels, « prolétaires » de la C.I.A., eux, vont préférer miser sur les petits officiers, les Papadopoulos et autres de son genre.

Mais, en même temps, en Grèce quelque chose se passait. Les mécanismes mis en place par les Américains, les robots qu'ils avaient façonnés prennent conscience de la force qui est entre leurs mains et se mettent à rêver du pouvoir. Papadopoulos et sa bande, quatorze types sans nom, sans biographie, parfaitement inconnus mais parfaitement (dé)formés pour appliquer la loi des Américains et au premier chef frapper le communisme, n'étaient d'abord que des robots. Quand ils ont constaté que le danger communiste était écarté et qu'ils étaient toujours à la tête d'une fantastique machine de guerre, ils ont décidé de s'en servir pour leur propre compte. Et, comme Hitler et Mussolini qui, sécrétés par la bourgeoisie pour briser un mouvement populaire, se sont retournés contre elle pour donner libre cours à leur mégalomanie, Papadopoulos et les autres se sont attaqués à la droite et au système qui les avaient suscités parce que cette droite et ce système constituaient un obstacle sur la voie de leur pouvoir.

Le 21 avril 1967, quand le coup d'État a eu lieu, le roi n'était pas au courant, l'ambassade américaine n'était pas au courant, les généraux n'étaient pas au courant[2], la droite n'était pas au courant. Qui était au courant? D'un côté, la fraction des « prolétaires » de l'armée grecque, disons la piétaille, Papadopoulos et compagnie qui en étaient les acteurs; de l'autre côté, les « prolétaires » de la C.I.A., les jeunes agents, qui en avaient été le ferment. Les uns et les autres étaient animés d'une sorte de haine de classe contre leurs patrons. Papadopoulos haïssait le roi, comme un valet hait son maître. A la limite on peut penser, et l'histoire l'a montré, qu'il était plus dur contre ses anciens patrons que contre les commu-

---

2. Au contraire, ils avaient, eux aussi, préparé un coup d'État, mais se sont fait prendre de vitesse.

nistes. Personnellement, j'accorde beaucoup d'importance à la psychologie, non seulement celle des masses mais aussi celle des individus et je suis convaincu que le complexe psychologique a beaucoup pesé dans ce coup d'État.

Enfin, il y a une chose qu'il ne faut pas oublier. L'âme d'une dictature ne s'importe pas de l'extérieur. Elle est un produit national, même si elle est favorisée, voire imposée par des étrangers. Ce n'est pas une plaie vive, mais un abcès mûri dans l'organisme affaibli du pouvoir. Les dictateurs sont conscients de la faillite de la classe dirigeante, ils vitupèrent la corruption des mœurs politiques mais ils sont nés de cette décomposition. La dictature des colonels n'a été que la conséquence logique de la faillite morale de la classe dirigeante grecque. Le mépris agressif dont les colonels accablaient les valeurs morales n'était que le prolongement de l'attitude méprisante de leurs prédécesseurs pour ces mêmes valeurs, d'où cet acharnement contre l'élite intellectuelle artistique et scientifique du pays.

Au départ, ce coup d'État militaire était une opération américaine — les Américains, en l'occurrence, n'étant pas seulement la piétaille de la C.I.A., mais aussi les stratèges du Pentagone qui avaient établi un plan de guerre contre les pays arabes et cherchaient un point d'appui, une base sûre. Mais il s'y greffa des ambitions personnelles et, petit à petit, ses protagonistes, ou du moins certains, ont cherché à se libérer de la tutelle américaine.

Selon vous, ce coup d'État ne constituait pas même la réponse d'une droite effrayée par la montée d'un nouveau courant populaire?

La prise du pouvoir par la Junte s'est effectuée sans aucune préparation psychologique, sans aucune préparation politique ni idéologique. C'était un coup de force en dehors de toute réalité historique et sociale. Au début, je n'ai pas compris. Pour les Américains, il n'y avait, à ce moment-là, aucun danger : ils avaient le pouvoir, ils tenaient le roi et la droite qui étaient des alliés sûrs, ils avaient l'armée, quant au centre, il ne représentait pas un danger réel. Ajoutons à cela que tous les mécanismes du pouvoir leur étaient totalement acquis.

Le centre, avec à sa tête Georges Papandréou, représentait 53 % des suffrages. La droite, 30 %. Que représentait la gauche? Certes, il y avait bien le cas d'Andréas Papandréou, le fils du leader de l'Union du centre, qui pouvait enlever à la majorité de son père son aile gauche, c'est-à-dire environ 20 % d'électeurs. Mais 20 % plus 15 % pour la gauche, cela ne fait guère que 35 %, une minorité. En outre, dans le camp de la gauche, on était très loin de faire une coalition avec Andréas. Il n'y avait pas même de contacts sérieux. Rien, sinon parfois des slogans communs. Au contraire, entre nous et les papandréistes, même de gauche, il restait les traces profondes de la guerre civile. Andréas Papandréou, avec qui j'avais, alors, quelques relations, m'a dit, lui-même : « J'ai peur de vous. J'ai peur des communistes. J'ai peur d'un coup de Prague. » Jusqu'aux socialistes qui étaient anticommunistes. Nous n'étions pas prêts à prendre le pouvoir. Et quand bien même nous aurions pu constituer une majorité parlementaire, il nous aurait été impossible de gouverner. C'était la division, tout de suite, avant même de commencer. Ce n'était pas une division comme celle qui existe aujourd'hui en France ou au Portugal, entre les socialistes et les communistes. C'était la division avant l'union.

Il n'y avait aucune alternative progressiste. Notre heure est passée avec la guerre civile. Nous n'étions pas du tout prêts à gouverner, tant du point de vue objectif, que du point de vue subjectif. Du point de vue objectif, nous aurions pu gouverner en 1944, encore que je n'en sois pas parfaitement convaincu et ce en dépit des beaux discours que nous avons faits à ce moment-là sur l'art de gouverner. Peut-être, néanmoins, avec l'élan, aurions-nous pu constituer un gouvernement populaire. Après 1944, le Front populaire regroupait non seulement les prolétaires et les paysans, mais aussi les petits-bourgeois. Des millions de gens. C'était la grande alliance, avec des objectifs précis, la démocratisation, l'indépendance nationale. Ce n'était pas encore le socialisme, mais c'était déjà une véritable marche vers la démocratie. Or, en 1947, le secrétaire général du parti, Nikos Zachariadis, homme d'une forte personnalité qui avait une grande emprise sur le parti et qu'on appelait le « fils de Staline », a commis de très grosses erreurs, essentiellement parce qu'il était à l'étranger. Il a amené le parti d'une faute à l'autre. La plus lourde de conséquences aura été celle de décider que le caractère de la lutte avait changé et que, désormais, ce n'étaient plus la démocratie et l'indépendance nationale qui étaient les objectifs immédiats du combat, mais la lutte des classes et la dictature du prolétariat. Le résultat a été l'éclatement du Front populaire et l'isolement des communistes. C'est comme ça que nous avons été battus. Au début, ce n'était pas encore une défaite militaire, c'était une défaite politique parce que nous nous coupions de la grande alliance. Ensuite, il a commis des erreurs stratégiques qui ont permis d'écraser l'armée démocratique. A partir de ce moment-là, finie pour les communistes la possibilité de prendre le pouvoir. La crise était entrée dans le parti. Elle éclatera en 1968.

Il n'y avait donc pas d'alternative communiste. Mais que représentait le courant populaire, en 1967 ? La première victime de la Junte fut tout de même la gauche ?

En 1967, le peuple était fatigué. Il avait été très fort en 1963, au point que Georges Papandréou remporta 53 % des suffrages aux élections législatives. Il a eu un sursaut en 1965, au moment du coup de force du roi qui refusait de tenir compte des résultats du scrutin. Puis, il a commencé à se décourager, en particulier lorsqu'il a vu qu'il n'atteignait pas ses objectifs et qu'au contraire le roi et la droite pouvaient encore imposer leurs volontés, en dépit du verdict populaire. En avril 1967 et dans les mois qui précédaient il y avait néanmoins une très grande agitation populaire. Et je pense que ce fut une erreur de la gauche, comme d'ailleurs d'Andréas Papandréou. Nous réagissions, alors, contre un danger qui n'existait pas. C'était l'époque des grandes manifestations et des slogans bidons d'Andréas Papandréou qui disaient en substance : « Il faut sortir de l'O.T.A.N. », « Si le roi ne reconnaît pas le gouvernement, nous imposerons le nôtre par la force »... Autant de prétextes donnés aux services secrets, au mouvement de la peur pour réagir violemment. Une autre erreur que nous avons commise a été de nous axer sur un mouvement perpétuel de grèves. On en faisait tous les jours. Et de la sorte le mouvement populaire s'est fatigué. Enfin, la gauche n'aurait jamais dû entrer dans le jeu des divisions de l'Union du centre. Nous aurions dû être beaucoup plus clairs, rester en dehors des querelles de la famille centriste pour au contraire chercher davantage l'intérêt du peuple, lequel ne coïncidait pas nécessairement avec les problèmes qu'avait Georges Papandréou avec ses scissionnistes. On aurait pu, par exemple, jouer, parfois, la carte de ceux qu'on a appelés les « apostats [3] ». Nous étions trop dogmatiques.

Nous ne croyions pas à un coup d'État. Il y avait bien des rumeurs selon lesquelles le roi avait l'intention d'instaurer un pouvoir dictatorial en s'appuyant sur l'armée et sur les forces bourgeoises les plus à droite. Un journal avait d'ailleurs publié un mémorandum, jusqu'alors tenu secret, au terme duquel si aux élections de mai 1967 aucune majorité absolue ne sortait, l'Union du centre, respectant le désir des Américains, était prête à constituer un gouvernement centre droit qui aurait eu à sa tête Canellopoulos et G. Papandréou. La droite était donc assurée de garder le pouvoir! Cela dit, il se pouvait aussi qu'à l'issue de ces élections prévues pour mai 1967, Georges Papandréou retrouve une nouvelle majorité absolue et qu'il refuse toute alliance avec la droite pour au contraire former un gouvernement centre-centre

---

3. Pour écarter constitutionnellement G. Papandréou dont le parti, avec 53 % des suffrages, représentait la majorité parlementaire, la droite (et le roi) va débaucher quarante-cinq députés de l'Union du centre. Trois mois de marchandages, de promesses de postes gouvernementaux et d'importantes sommes d'argent furent nécessaires pour convaincre ceux qu'on allait nommer les « apostats ».

LA HONTE 71

gauche. Si en poussant à l'extrême l'hypothèse on imagine qu'il ait fait entrer son fils dans ce gouvernement et non content de cela qu'il lui ait confié le ministère de la Défense... c'était, pour la droite et pour les militaires, un *casus belli*[4]. Mais en réalité, cela était tout à fait impensable. Toutefois, je me souviens fort bien que cette hypothèse, certains la faisaient. Je repense à un journaliste d'extrême droite, farouchement pro-américain qui nous disait : « Écoutez, laissez l'armée tranquille. Vous ne devez pas oublier que, pour les Américains, l'armée est sacrée. Si vous voulez faire l'économie d'une dictature, faites, dès maintenant, voter une loi par laquelle le pouvoir politique abdique tous ses droits sur l'armée. Cela, seul, peut sauver une éventuelle victoire du centre. Si vous ne séparez pas le pouvoir militaire du pouvoir politique, si le soupçon peut, un instant, exister qu'un gouvernement centriste risque de toucher un tant soit peu à l'armée, alors, à coup sûr, c'est la dictature. » C'est peut-être là que réside la raison profonde du feu vert donné aux colonels par le Pentagone.

Donc, entre une gauche qui ne croyait pas à un coup d'État et une droite prête à tout pour conserver le pouvoir, les colonels avaient la partie belle?

Ils ont surtout profité d'un climat psychologique qui leur était favorable. Le Parlement était depuis longtemps

---

4. Andréas Papandréou, comme une centaine d'officiers, avait été accusé d'être un des conjurés du complot « Aspida » visant, dit-on, à renverser la monarchie pour la remplacer par un régime de type nassérien. Il s'est avéré que cette affaire (du sucre dans les réservoirs des camions des régiments commandés par Papadopoulos!) montée de toutes pièces n'avait d'autre but que d'écarter des officiers jugés libéraux et de créer un climat favorable aux manœuvres de la droite et du roi.

l'objet d'attaques haineuses, les politiciens, comme c'est le cas aujourd'hui en Italie, accusés de corruption, bref selon une propagande savamment orchestrée, le système démocratique était source de tous les maux et il était nécessaire que viennent des gens pour nous sauver de toutes ces grèves, de l'anarchie... Et à ce moment-là, comme par enchantement, sont apparus des officiers intègres dont le seul dessein était de restaurer la liberté en Grèce. C'est ainsi que Papadopoulos et sa bande se sont présentés : « Nous ne venons que pour quelques mois avant de rendre le pouvoir à une classe politique assainie! » Et il y a eu des gens pour s'en convaincre. La droite réactionnaire, par exemple, qui si elle ne leur a pas donné d'emblée sa sympathie s'est contentée d'un attentisme amical et pensait, naïve : « Voilà de braves officiers qui vont nous sauver de l'anarchie et nous rendront le pouvoir aussitôt après. » Mais ils n'auront pas réussi à duper longtemps leur monde. Papadopoulos était un médiocre. Comme tous les officiers grecs, il avait été formé par les Américains, pendant et après la guerre civile, coupé de toute réalité, un peu comme on élève des plantes en serre, avec un seul credo, l'anticommunisme le plus farouche. Quand il a abattu son jeu, quand il s'est avéré que le pouvoir le fascinait et qu'il était dans son intention de le conserver définitivement, dictateur d'abord, vice-roi ensuite, président de la République enfin, il s'est coupé de tout appui quel qu'il soit.

La Grèce s'est mise à changer très rapidement. Il s'est passé ce qui se produit, parfois, au cours d'expériences chimiques, lorsqu'un corps mis en présence d'un liquide commence à réagir. Ici, le liquide s'appelait Papadopoulos. En sept ans, les mythes, les personnalités, les partis, les idées préconçues ont été mis à rude épreuve. La droite, par exemple, s'appuyait sur un système idéologique ancestral, le nationalisme, le chauvinisme, la royauté sur lequel s'étaient greffés l'américanisme et l'atlantisme. Tout s'est écroulé. La gauche vivait dans le rêve de l'unité, unité du parti et unicité du dogme, symboles de l'intérêt populaire. Tout s'est écroulé, là aussi. Les divisions sont apparues au grand jour, les querelles ont éclaté. Le centre n'a pas été en reste dans cette opération de démythification. Mais, pourtant, au-delà de toutes les divisions classiques, de toutes les familles politiques, les Grecs se sont unis sur un objectif, ou plutôt contre un régime. Un véritable miracle s'est alors produit. Nous avons vu des hommes séparés par des fleuves de sang, des hommes de droite, de gauche et du centre se donner la main, dans les villages, dans les quartiers de villes, c'est-à-dire les lieux classiques du conflit national qui, depuis l'occupation et la guerre civile, a divisé la Grèce en deux camps irréductibles. L'antagonisme cessait parce que les Grecs avaient acquis une plus grande expérience historique. Ils savaient qu'il ne leur restait désormais plus rien d'autre à faire qu'à se donner la main et voir ce qu'ils pouvaient faire ensemble. Papadopoulos, Ioannidès et leurs sbires étaient isolés. Et au fil des années leur isolement est allé grandissant. L'armée ne pouvait ressentir cette coupure que comme un échec. Après une période d'euphorie, les officiers ont progressivement pris conscience du fait qu'ils étaient en train de devenir les symboles de la tyrannie, de la barbarie et de la torture.

Pendant ce temps, les principaux chefs de la Junte

créaient leur caste. Papadopoulos s'était entouré d'une cour corrompue qu'il tenait par des privilèges économiques et avait instauré un véritable système de clientèle, mettant en place ses frères, ses amis, ses gens. Ioannidès, lui, incarnait le mythe de Robespierre, l'homme honnête, pur et inflexible et avait pris la tête des tortionnaires et des ultras.

Cette dualité, les Américains devaient l'utiliser. En effet, Papadopoulos commençait à les inquiéter parce qu'il se mettait à avoir des idées personnelles. Et je suis convaincu que beaucoup des initiatives qu'il a prises l'ont été à leur insu : dans le conflit du Proche-Orient, par exemple, il était plutôt pro-arabe, et surtout il commençait à se rapprocher plus que ne l'auraient souhaité ses protecteurs des pays socialistes et principalement de la Roumanie (ainsi, une visite de Ceaucescu à Athènes devait avoir lieu quelques jours après la chute de la Junte). Les Américains toléraient, jusqu'à un certain point, les initiatives propres de Papadopoulos en ce qui concernait la politique intérieure mais absolument pas dès lors qu'il s'agissait de politique étrangère. Et une querelle, une petite guerre s'est instaurée entre eux. Par contre, l'agent numéro deux, Ioannidès, était le type parfait du dictateur souhaité par les Américains, c'est-à-dire un officier qui ne ferait rien d'autre que de mettre le pays en condition et d'exécuter scrupuleusement les ordres de ses patrons. On attendait, donc, le moment de la confrontation entre les deux hommes.

Le moment est venu avec la « libéralisation » que constituait le gouvernement Markézinis. Pour certains Américains cette libéralisation était une bonne chose

LA HONTE 75

parce qu'elle donnait au régime une façade libérale derrière laquelle Papadopoulos, leur homme, pouvait continuer à contrôler énergiquement le pays. Pour d'autres, la situation était inquiétante parce qu'ils constataient que, grâce à ces quelques libertés accordées, tout insignifiantes qu'elles aient été, le peuple grec, sans attendre, s'organisait, qu'un courant populaire renaissait, qu'un nouveau mouvement de masse se structurait et que des groupes politisés d'étudiants apparaissaient. Ce fut l'épisode de la Faculté de droit, huit mois avant la crise de l'École polytechnique[5]. Tant et si bien que Papadopoulos dut faire marche arrière et relancer la répression. Les éléments durs l'emportaient. C'était au début de l'année 1973. Et pour faire passer ce retour à la politique du bâton, il a pris une mesure qu'il croyait être populaire : il a déposé le roi. De vice-roi, Papadopoulos devenait président de la République. Personne n'a été dupe. Le peuple a bien compris que si Constantin était déchu, le pays tombait sous la coupe d'un autre roi, encore pire. Cette action désespérée pour gagner des sympathies était un échec supplémentaire. Dès lors, on attendait la provocation qui allait justifier une nouvelle vague de terreur.

Au mois d'octobre 1973, devait avoir lieu la commémoration de la mort du vieux Papandréou. L'occasion était rêvée[6]. Effectivement, nous avons appris que des provocateurs avaient pour mission de tuer des policiers

---

5. A la Faculté de droit, comme plus tard à l'École polytechnique, une agitation étudiante ayant pour thème principal la dégradation des conditions d'étude évolua en conflit politique.
6. A l'occasion de la mort de Georges Papandréou, Premier ministre centriste de 1963 à 1965, un million d'Athéniens étaient descendus dans la rue manifestant ainsi leur opposition au régime des colonels.

pendant les cérémonies. Mais finalement, il ne se passa rien.

Une autre occasion se présenta qui devait permettre à la Junte de justifier publiquement sa nouvelle politique. Ce fut le soulèvement des étudiants de l'École polytechnique. Mais cet événement devait aussi avoir de profondes répercussions au sein même de la Junte. Il y avait, en effet, deux analyses divergentes quant à l'attitude à avoir face aux étudiants : Papadopoulos penchait pour une ligne souple et laissa les étudiants occuper l'École, pensant que le conflit pourrirait. Je suis persuadé que ce n'était pas un piège, comme certains l'ont cru. Papadopoulos était sincère. Il voulait prouver qu'il n'était pas un tueur et qu'il pouvait accepter que se tiennent des rassemblements. Mais les événements se sont précipités. Les masses ont exploité l'incident qui a pris une dimension inattendue, jusqu'à la radio pirate qui, du toit de l'École, s'en prenait violemment au régime. C'est à ce moment-là que les services secrets de Ioannidès ont pris l'initiative et pour la première fois dans notre histoire, l'armée pénétra dans une université. Même les Allemands n'avaient pas osé, et surtout ils n'avaient jamais tué dans une université. C'était, à n'en pas douter, une machination. Le lendemain, Papadopoulos donnait sa démission. Ioannidès prenait la direction des affaires avec Andréopoulos, un rien du tout, un personnage bidon. La dictature idéale souhaitée par les faucons du régime et les Américains régnait. Le gouvernement ne prenait plus aucune initiative ni aucune mesure d'aucune sorte. Mais c'était, néanmoins, une navigation difficile qui impliquait des manœuvres périlleuses. La Junte était au bord d'une falaise. La chute sera Chypre, le coup d'État manqué contre Makarios.

La navigation était difficile parce que la totalité des décisions concernant la Grèce se prenait à Washington et que les Américains, eux-mêmes, étaient divisés. La Grèce devenait un boulet difficile à porter, et surtout, il devenait évident que désormais les Grecs étaient prêts à lutter. De nombreux signes montraient que la résistance, de passive, devenait de plus en plus active. Certains stratèges américains penchaient pour une politique dure, d'autres pour une politique beaucoup plus modérée. Ils étaient très impressionnés, non seulement par l'acharnement de la jeunesse, non seulement par ces rassemblements de cinq ou dix mille jeunes, mais aussi par l'écho que ces actions trouvaient dans les masses. Par exemple, il y avait eu cinquante, cent, deux cent mille manifestants, on ne sait pas, autour de l'École polytechnique. Pendant les événements, toutes les fenêtres des appartements bourgeois voisins étaient ouvertes et tout le monde, tous les bourgeois soutenaient les étudiants contre la dictature.

C'est un peu à partir de ce moment-là qu'un mouvement national anti-américain a commencé à être perceptible, et il devenait clair que tôt ou tard démarrerait un mouvement de résistance armé. De tous les côtés, désormais, on était décidé à commencer la lutte armée. Celle-ci n'était peut-être pas à attendre pour les jours suivants, mais à moyenne échéance. C'était une certitude. Je crois, d'ailleurs, que tous les politiciens pensaient de la sorte, tous ceux qui ne soutenaient pas la dictature estimaient qu'il fallait en finir avec les Américains, d'une façon ou d'une autre.

Il aura donc fallu attendre six ans pour que la lutte armée apparaisse comme une façon de combattre la Junte. Comment expliquer un délai aussi long ?

A cela, il y a plusieurs réponses. D'abord le peuple grec a connu de 1947 à 1949 une guerre fratricide dont toutes les plaies ne sont pas encore cicatrisées et qui reste encore dans tous les esprits comme un cauchemar ; ensuite, et c'est un des aspects les plus regrettables de notre lutte des dernières années, nous n'avons jamais pu réaliser l'unité des forces opposées à la dictature, ni sur un programme, ni sur des moyens d'action. Quant au terrorisme, nous nous sommes toujours opposés aux actes aveugles, ceux qui ne prendraient pas en considération le fait qu'il ne devait pas y avoir de victimes dans le peuple.

Si la lutte armée n'a pas eu lieu, ce n'est pas par principe, par nécessité ni par faiblesse, mais parce que nous constations (et nous nous souvenions) combien il est difficile de mener une lutte armée dans le cadre d'un pays isolé, d'un côté par les mers, de l'autre par des pays qui pour des raisons diverses ne pouvaient pas nous apporter leur aide directe[7]. Les pays socialistes qui sont nos voisins auraient pu nous appuyer mais ils avaient peur. Et puis, il y a eu, qu'on le veuille ou non, Yalta. Tito m'a dit personnellement : « J'ai peur. Je ne peux pas me lancer dans une confrontation directe avec les Américains. La You-

---

7. Pendant la guerre civile, les partisans ont été rapidement écrasés à partir du moment où la Yougoslavie a fermé ses frontières. Ce n'est pas, toutefois, l'unique raison de la défaite de l'armée populaire. Cf. p. 156.

goslavie est un pays en pleine évolution, nous avons beaucoup souffert, nous avons à faire face à un certain nombre de difficultés, nous ne pouvons pas, en plus, nous lancer dans une guerre. » C'est normal. Mais, alors, qui aurait pu nous aider? Certes, quand on est au pied du mur... C'est l'exemple de l'Algérie. Krim Belkacem expliquait : « Nous étions un pays entièrement encerclé, par la mer et par des pays qui étaient contrôlés par la France, mais nous avons finalement vaincu les Français parce que nous menions une lutte populaire, une révolution populaire. » Je crois que nous aussi, dès que la lutte aurait pris un caractère populaire, nous aurions trouvé les moyens de la mener. D'autant que déjà nous sentions que des soldats, des officiers, des policiers rejoindraient nos rangs. Il y avait des mouvements dans l'armée. Une mutinerie avait éclaté sur un navire de guerre; dans l'aviation, le malaise s'étendait; dans l'armée de terre, tous n'étaient pas satisfaits du régime.

Ainsi donc, si à l'exception de quelques actes de sabotage, la lutte armée n'était pas encore apparue, elle était en train de germer. Les Américains le sentaient et s'en inquiétaient. C'est à ce moment-là, je crois, qu'ils ont commencé à penser à une solution Caramanlis. Je l'avais préconisée, dès 1972.

Mais avant que la solution Caramanlis s'impose, il y a eu le coup d'État cypriote.

Oui, et le pourquoi de ce coup de force n'est pas très clair. On est donc conduit à émettre un certain nombre d'hypothèses. On peut imaginer, par exemple, que les

Américains voulaient se débarrasser des colonels, y compris de Ioannidès, et imposer un gouvernement politique. Pour ce faire, ils auraient amené la Junte à une faute terrible, une impasse dont elle ne se dégagerait pas. On peut imaginer, tout aussi abstraitement, que toute l'affaire de Chypre a été conduite, d'une part pour venir en aide à la Turquie, d'autre part pour en finir avec les colonels grecs. Ce n'est pas impossible. Mais on doit aussi envisager cette affaire d'une autre façon. D'une façon cypriote. Chypre est, pour les Américains, indispensable. C'est, pour eux, un porte-avions insubmersible contrôlant une large part de la Méditerranée et en particulier le Proche-Orient, Israël et les pays producteurs de pétrole. Or, Mgr Makarios avait une politique relativement indépendante des États-Unis et entretenait des relations avec l'U.R.S.S. laquelle, d'ailleurs, lui livrait à l'occasion des armes. Enfin, il refusait toute alliance avec la Grèce des colonels, c'est-à-dire celle du Pentagone. Dans ces conditions, les Américains ne pouvaient considérer l'île comme une base militaire sûre. Le coup de force de Ioannidès permettant, par agent interposé, de prendre le pouvoir à Chypre, celle-ci devenait, du coup, comme la Grèce une base américaine.

Mais un plan comme celui-là ne pouvait que rencontrer la résistance des Turcs farouchement opposés à un rattachement pur et simple de l'île à la Grèce. Qu'à cela ne tienne. Si les Turcs intervenaient, il y aurait une double union : union des Cypriotes grecs avec la Grèce et union des Cypriotes turcs avec la Turquie, elle aussi membre de l'OTAN et fidèle vassal des États-Unis. C'était la solution idéale pour les Turcs et les Américains. De la sorte, il devait y avoir deux Chypre, une grecque et une turque, mais l'une et l'autre liées aux Américains. Dans cette affaire, quelle qu'ait été l'issue du stratagème, les Américains étaient gagnants. Si le plan de Ioannidès réussissait parfaitement, Chypre tombait aux mains des Américains, s'il échouait, la Turquie l'emportant, l'île tombait, là encore, en leur pouvoir.

Si Ioannidès s'est laissé manœuvrer dans cette aventure, c'est qu'il en avait le plus grand besoin. Son isolement était total et il ne pouvait plus qu'espérer en une initiative rocambolesque pour retrouver quelque prestige auprès de l'armée, auprès des groupes nationalistes, auprès des masses grecques, enfin. De la sorte, il devenait le libérateur des Cypriotes, celui par lequel le grand rêve des Grecs, l'unité, l'Enosis, était réalisé. Mais c'était compter sans la Turquie.

Chypre, pour les Turcs est une affaire nationale, comme elle l'est pour les Grecs. C'est autour de l'île que chaque parti constitue ses programmes électoraux, c'est la situation cypriote que tous les politiciens et démagogues turcs développent pour gagner les élections. Il fallait, donc, s'attendre de la part de la Turquie à une riposte énergique.

Mais le coup d'État visant à éliminer Makarios a d'abord mis aux prises des Grecs et des Cypriotes grecs. Les Turcs ne sont intervenus qu'après.

C'est effectivement là un facteur qu'il ne faudrait pas sous-estimer. Avant le coup de force de juillet 1974, le pouvoir de Mgr Makarios était miné par la lutte qui l'opposait à l'E.O.K.A., l'organisation clandestine du général Grivas, fasciste et ultra-réactionnaire, qui voulait étendre le régime des colonels à l'île et bénéficiait bien évidemment de l'appui inconditionnel de l'armée grecque. Résistant contre vents et marées, ayant échappé à plusieurs attentats et refusé toute compromission avec le gouvernement d'Athènes, Makarios, après la mort de Grivas, décida d'en finir une fois pour toutes avec l'E.O.K.A., ce cancer qui rongeait Chypre de l'intérieur. C'est l'ultimatum par lequel il exigeait que les officiers grecs de la fameuse garde nationale se retirent de l'île qui a mis le feu aux poudres : quelques jours après qu'il eut été lancé c'était le coup d'État. Dès lors, les Turcs qui, par le traité de Genève étaient, comme la Grèce et l'Angleterre, garants de l'intégrité de l'île, avaient l'occasion d'envahir l'île, de fusiller des milliers de personnes, d'en déporter des centaines de milliers d'autres et d'annexer quarante-trois pour cent du territoire de Chypre.

La mobilisation générale décrétée par Ioannidès fut un échec total, parce que totalement improvisée. C'était une manœuvre terrible. Devant la déroute, les officiers, même ceux qui avaient joué la carte du régime, commençaient à réfléchir et les Américains à s'inquiéter sérieusement.

A ce moment-là, quelles sont les forces en présence en Grèce? Une armée touchée par un très grand malaise, divisée et marquée d'un complexe terrible mais qui tient toujours le pouvoir. Désarmée psychologiquement mais armée militairement. De l'autre, un peuple qui désormais n'en peut plus mais qui est inorganisé. Et je pense que si, à ce moment-là, s'était formé un mouvement unitaire de résistance, il aurait drainé toutes les énergies vers un combat ouvert contre les Américains et l'armée des colonels. Il n'en a rien été. La Junte était dans un tel état qu'elle s'est écroulée avant. La dernière initiative de Ioannidès s'échouait dans un grand malheur pour les Cypriotes et dans une grande fête pour les Grecs, bien que mélangée d'amertume du fait de cette tragédie.

Mais on ne peut pas expliquer la défaite de Ioannides à Chypre sans poser, en même temps, le problème de la coexistence des deux communautés cypriotes, grecque et turque. Il est fondamental pour bien comprendre la situation et crucial puisqu'on lui doit des milliers de morts. Et même si mes propos doivent m'attirer des inimitiés, je dois dire que je considère que la communauté cypriote grecque a commis des erreurs très graves. On sait très bien que, pour différentes raisons, les Turcs sont moins « évolués » que ne le sont les Grecs. Dans notre pays, par exemple, nous avons des minorités turques qui sont restées tout à fait fermées sur elles-mêmes, conservant des traditions ancestrales parfois en contradiction avec notre époque. Mais à Chypre, Grecs et Turcs vivent ensemble depuis des siècles, dans le même village, sans séparation. Alors, comment expliquer que les Grecs contrôlaient cent pour cent du commerce, de l'argent, de la culture, de l'éducation, etc.? Comment expliquer que les Grecs n'aient pas aidé les Turcs à s'assimiler à la vie sociale, à rompre leur isolement? Je ne donne pas de réponse, je pose simplement le problème. J'ai constaté, au cours de mes différents voyages à Chypre, que la différence entre Grecs et Turcs n'était pas seulement ethnique mais qu'elle était aussi affaire de classe. On a fait des

Turcs un sous-prolétariat, une communauté de deuxième catégorie, un réservoir de main-d'œuvre. Évidemment les Cypriotes grecs peuvent prétexter le refus des Turcs de s'ouvrir à un monde nouveau. Cet argument ne me satisfait pas. A Nicosie, par exemple, je me souviens avoir vu les Turcs vivre comme dans des tranchées, isolés et j'ai le sentiment qu'ils menaient, déjà, une lutte populaire. J'ai vu des garçons de dix ans armés pour combattre. Et ce n'était pas seulement pour s'opposer à une intervention impérialiste ou militariste. Il y avait quelque chose de plus profond, la haine. Ils se rendaient compte qu'ils étaient traités, par les Grecs, comme des citoyens de deuxième catégorie. Tout ceci soulèvera des protestations mais c'est vrai. Il faut savoir reconnaître la vérité, reconnaître que les Grecs, que ceux qui détenaient l'instruction, que ceux qui détenaient la richesse et l'initiative, étaient responsables de l'harmonisation et de la justice dans l'île et qu'ils portent une part des responsabilités.

En fait, les Grecs avaient, à Chypre, un comportement d'exploiteurs?

C'est une chose très délicate. Moi, je commence par la fin. Je fais une constatation. Je pense que toutes ces dernières années, les Cypriotes grecs auraient dû mener une grande offensive de paix, de collaboration et de justice. Or, la haine régnait entre les deux communautés.

Mais, évoquer ce problème, c'est déjà dépasser les limites de Chypre pour entrer dans le domaine des relations entre la Grèce et la Turquie, parce que ce n'est pas uniquement dans un but humanitaire que quarante mille soldats de l'armée turque ont débarqué à Chypre et l'ont mise à feu et à sang.

A l'issue de la guerre qui nous a opposés à la Turquie, de 1821 à 1909, après la grande catastrophe qui nous a valu des centaines de milliers de morts et deux millions de réfugiés, le Premier ministre grec de l'époque, Élefterios Vénizelos, et son homologue turc, Kemal Ataturk, ont eu le courage de jeter les bases de l'amitié gréco-turque. Ils avaient compris que c'était une nécessité historique que de pouvoir vivre ensemble comme le font, aujourd'hui, les Français et les Allemands.

De 1963 à 1974, Mgr Makarios avait réussi à créer un statu quo, à Chypre. Selon vous, s'agissait-il d'un état tout à fait précaire ou bien, sans le coup d'État, cette situation aurait-elle pu se prolonger indéfiniment?

Ce statu quo était, avant tout, le fait des accords de Londres et de Zurich. Toutefois, la preuve a été faite que la forme d'une collaboration durable n'avait pas, pour autant, été trouvée. Par exemple, les Turcs avaient acquis un droit de veto leur permettant de bloquer toute décision qui leur paraissait non conforme à leurs intérêts; or, les Grecs estimaient impensable que vingt pour cent de la population puissent bloquer une décision. C'est vrai. Mais pour lutter contre cette mesure, les Cypriotes grecs ont-ils amorcé un quelconque rapprochement avec la minorité turque? Ils se sont contentés de discuter de problèmes de forme avec les autorités.

Il est clair que, pour résoudre cet antagonisme, deux

choses s'imposaient : d'abord que la majorité garde ses droits, ensuite que la minorité trouve les siens. Les Grecs devaient prouver qu'ils ne voulaient pas monopoliser le pouvoir et prolonger leur domination de fait sur les Turcs, notamment en établissant une sorte d'harmonisation entre les deux communautés, tant en ce qui concerne l'exercice du pouvoir que l'accès à la culture et à l'éducation ou encore l'égalité dans le travail. Ainsi serait née la fraternisation. Ils n'en ont rien fait et, aujourd'hui, nous sommes dans l'impasse : les Turcs dont l'armée contrôle quarante-trois pour cent du territoire veulent imposer la fédération qui, pour eux, signifie moitié-moitié, solution inacceptable pour les Grecs qui représentent quatre-vingts pour cent de la population.

Quelle est la place de Chypre dans l'histoire de la Grèce contemporaine?

Au début de ce siècle, les Grecs avaient un objectif qui était vécu comme sacré : la libération de tous ceux des leurs qui vivaient sous domination étrangère. La génération de mon père s'était assigné pour tâche de libérer la Grèce dont la moitié, à cette époque-là, vivait sous la domination turque. Cet objectif fut le mobile des guerres balkaniques qui permirent de libérer Ipiros et la Macédoine, dans un premier temps, puis, sous l'impulsion de Vénizelos, la Thrace et l'Asie Mineure, dans un second temps. Il ne restait plus que Chypre, dont, je le répète, quatre-vingts pour cent de la population était grecque. Mais, en 1920, le roi Constantin III revient au pouvoir, entouré d'une classe politique ultra-réactionnaire. Il chasse Vénizelos et les libéraux du pouvoir et jette, à nouveau, le pays dans une guerre contre la Turquie. Jusqu'à ce moment-là, la guerre avait été une guerre de libération. En 1920, les royalistes veulent faire des conquêtes. Ce fut la défaite. Nous perdions la Thrace orientale et tous les territoires de l'Asie Mineure où vivaient deux millions des nôtres. Et Chypre qui n'était toujours pas libérée restait encore, pour nous, un idéal. Chypre, qui avait d'abord connu la domination ottomane, vivait maintenant sous l'occupation des Anglais auxquels les Turcs l'avaient vendue.

Pendant la Seconde Guerre mondiale, la Grèce ayant été le premier pays balkanique à s'engager aux côtés des Alliés et les Cypriotes grecs s'étant enrôlés dans l'armée anglaise, Churchill promit, qu'à la victoire, Chypre deviendrait grecque. Mais la guerre finie, les Anglais avaient oublié leur promesse. Chypre est restée sous leur domination. Nous n'avions donc pas terminé notre tâche historique. C'est ainsi qu'a commencé la guerre contre les Anglais, guerre qui a abouti à la création d'un État indépendant cypriote, sous la direction du président Makarios, l'ethnarque.

Jusqu'au début du siècle, les éléments turcs cypriotes ne s'étaient pas manifestés. Ils étaient intégrés, adaptés à la situation intérieure. Ils avaient fraternisé avec les Grecs et vivaient, avec eux, en bonne intelligence. Il n'y avait pas de différence entre les deux communautés. Ce sont les Anglais qui, pour mieux dominer et selon leurs bonnes habitudes, ont commencé à créer la division. Après sont venus les politiciens turcs qui ont exploité l'antagonisme entre les deux communautés. Et, aujourd'hui, on se trouve devant un problème insoluble. Il y a deux communautés ennemies, une grecque et l'autre turque, toutes deux manipulées par les Américains et par les Anglais, par les autorités grecques et par les autorités turques.

Il n'en reste pas moins que Chypre, pour chaque Grec, est le symbole de la liberté bafouée et plus encore, aujourd'hui, depuis qu'à cause des colonels les Cypriotes vivent une tragédie. Sentimentalement et moralement, nous nous sentons concernés par tout ce qui peut toucher Chypre.

Mais l'Enosis, le rattachement de l'île à la Grèce, qui fut longtemps notre objectif, est aujourd'hui dépassé dans la mesure où, entre-temps, les Cypriotes ont créé un État indépendant, bien qu'étroitement lié à notre pays. Le problème, désormais, doit être posé en termes nouveaux. En outre je pense que les Cypriotes ne souhaitent guère une quelconque union avec la Grèce aussi longtemps que la situation démocratique ne sera pas totalement rétablie sur le continent.

Vous avez rencontré plusieurs fois Makarios. Qui est-il?

Je connais un peu Makarios pour l'avoir rencontré plusieurs fois à Chypre mais également au Caire, pendant les funérailles de Nasser. C'est un homme réaliste et fidèle et je crois que c'est un chef qui n'a pas pour seule tâche historique celle de réconcilier le peuple cypriote et de sauvegarder ses droits. La première fois que je l'ai rencontré, j'étais chargé, par des amis cypriotes, de lui transmettre notre inquiétude. Nous avions appris, en effet, qu'un complot se tramait contre lui, mais personne, alors, ne pouvait l'approcher pour l'en avertir. J'ai donc été chargé de le mettre en garde. En outre, à ce même moment, il y avait en Grèce un courant anti-Makarios. J'étais député et président de la Jeunesse Lambrakis et j'avais décidé de mettre tout mon poids de son côté.

Quel était ce complot contre Makarios?

Nous avions appris qu'un certain nombre de soldats fascistes grecs avaient été placés dans son entourage par les services secrets pour l'assassiner. Effectivement, c'était vrai. C'était en 1964. Et je me souviens qu'à l'occasion de cette rencontre nous avons eu de très longs entretiens au sujet de la politique grecque. Nous étions dans une crise grave et je lui ai proposé de suivre l'exemple de Vénizelos[8], d'entrer sur la scène politique grecque comme président du Conseil. Il m'apparaissait être le plus expérimenté, le plus sage, le plus intelligent et le plus honnête de tous les hommes politiques de cette période. Je lui ai donc fait cette proposition. Je pense qu'il était tenté d'accepter, mais il était tellement attaché à Chypre qu'il ne voulait pas brûler les étapes. Pourtant, à ce moment-là, l'opinion publique pensait beaucoup à Makarios comme elle y a pensé de nouveau pendant la dictature.

---

8. Élefterios Vénizelos a commencé sa carrière politique en Crète, son île natale, pendant la guerre d'indépendance contre les Turcs. Porté par le succès il vient en Grèce dont il dominera la vie politique de 1910 à 1935.

Voilà près d'un siècle et demi que Grèce et Turquie s'opposent essentiellement pour des questions de frontières. Sur quelles bases une réconciliation serait-elle possible?

Exception faite de Chypre, il n'y avait plus de problèmes de frontières entre les Turcs et nous. Mais subitement, la Turquie trouve un intérêt et des revendications concernant la mer Égée. Il faut dire qu'on est en train d'y trouver du pétrole. C'est absurde, comique, mais en même temps tragique. Évidemment, il n'est pas un Grec qui accepterait l'humiliation d'une quelconque annexion du territoire national par la Turquie. La mer Égée est grecque depuis des millénaires et maintenant, parce qu'elle recèlerait des nappes de pétrole fantastiques, elle deviendrait turque? Contre une telle absurdité, chaque citoyen grec est prêt à aller se battre.

Mais toute cette politique n'a rien à voir avec le peuple turc; il n'en est que le témoin et la première victime. La Turquie est un pays riche, immense, mais le féodalisme qui y règne condamne l'immense majorité du peuple à la plus absolue misère. Il y a dans ce pays une classe dominante qui a trahi la révolution du grand Kemal Ataturk, qui a accaparé le pouvoir ou plutôt l'a délégué, moyennant privilèges, aux Américains, lesquels, comme en Grèce, ont mis la main sur l'armée, la police et l'économie. A chaque fois qu'un mouvement un tant soit peu progressiste apparaît, il est liquidé sans pitié. Le parti communiste, l'idéologie marxiste y sont strictement interdits. Il faut donc faire une distinction entre la direction politique et militaire de la Turquie et le peuple turc. C'est pourquoi, si nous devons défendre notre pays contre la bêtise, le nationalisme et l'impérialisme du gouvernement turc, nous devons, en même temps, tendre la main au peuple turc. Et pour cela, nous devons faire des propositions courageuses. Moi, j'irais jusqu'à proposer que les gisements de pétrole de la mer Égée soient exploités, conjointement, par la Grèce et la Turquie. L'occasion serait belle de jeter, ainsi, les bases d'une coopération économique entre nos deux peuples. Personnellement, je pense que l'avenir de l'économie grecque est liée à celle de la Turquie et je souhaite sincèrement que s'établisse entre elles une sorte de Marché commun, comme ce qui se fait entre la France et l'Allemagne : une communauté économique culturelle et politique qui constituerait la base d'une vaste union balkanique.

Il est essentiel qu'enfin les frontières s'ouvrent, que se créent entre les pays des relations économiques et culturelles. Je me suis rendu plusieurs fois à Sofia et là, j'étais à trois heures de Salonique. Mais impossible d'y aller. Les frontières sont fermées. Ça n'a pas de sens. Certes cela correspond à un système de répartition des hommes établi par les grandes puissances à la fin de la dernière guerre, mais la libre circulation des personnes et des idées est une nécessité, en particulier pour le peuple bulgare, le peuple turc. Tous les peuples.

Nous autres, artistes, nos inspirations, nos sources ne connaissent pas de frontière. Quelle différence y a-t-il entre les sources roumaines, grecques, bulgares, turques? Quant à nos créations, dans une telle communauté, elles trouveraient un écho tellement plus large! En Bulgarie, à Sofia en particulier, j'ai constaté que la musique grecque était très populaire, comme la musique turque l'est en Grèce. Deux millions de Grecs ont vécu en Asie Mineure et en ont été très influencés. Quand ils sont rentrés en Grèce, ils ont ramené avec eux un lourd bagage culturel fortement imprégné par la Turquie. Il y a quelques années, encore, les films turcs passaient dans les salles de quartier avec un énorme succès; il y a eu de très nombreux plagiats de musique turque sur laquelle on se contentait de mettre des paroles grecques... On a tout de même vécu ensemble pendant quatre siècles! Et puis, il y a le grand dénominateur commun qu'est Byzance.

J'ai eu l'occasion de parler d'une telle communauté avec Tito et avec Ceaucescu. Tous deux y étaient favorables, souhaitaient que se réalise un système d'échange très vaste qui aille des marchandises jusqu'aux idées. Mais, à cette époque, c'était la Grèce des colonels qui n'en voulait pas. Nous étions, alors, un fief des Américains et ceux-là avaient très peur que cette association ne soit qu'un cheval de Troie pour préparer une domination soviétique. Maintenant, après toutes les expériences que nous avons vécues, je crois que nous sommes beaucoup plus mûrs et qu'un échange comme celui-là peut être envisagé. C'est d'ailleurs une des tâches auxquelles Caramanlis s'est attelé.

Une telle unité ne serait pas en contradiction avec l'Europe. Nous serions, alors, comme Caramanlis l'a récemment souligné, un intermédiaire entre l'Europe, les pays balkaniques et les peuples du Moyen-Orient. C'est là notre place. C'est un triste privilège parce qu'à cause de notre situation de carrefour géographique nous avons connu invasion sur invasion. Maintenant, nous pouvons jouer ce rôle d'intermédiaire et je crois que c'est aussi le désir d'un certain nombre de pays du Moyen-Orient. Quand j'étais à Beyrouth, à Tel-Aviv, au Caire, tout le monde souhaitait que la Grèce joue ce rôle d'intermédiaire, pas seulement géographique mais aussi historique qui est tellement dans notre tempérament. Les Grecs sont un peuple très ouvert qui peut et doit assumer ce rôle de lien entre ces trois mondes, pays balkaniques, Moyen-Orient et Europe avec lesquels nous avons beaucoup d'affinités.

Si les Américains voient d'un très mauvais œil un rapprochement entre la Grèce et les pays balkaniques, on peut penser aussi qu'une telle éventualité ne plaît qu'à moitié aux Soviétiques; pour eux la Grèce pourrait n'être qu'un pion avancé de la politique américaine dans leur zone d'influence.

Tout dépend de la façon dont on perçoit l'Union soviétique. Si on la considère comme un pays réactionnaire, alors on peut admettre l'idée qu'elle redoute ce genre d'alliance. Par contre si on la considère comme un pays progressiste, confiant en lui-même, alors je crois que l'analyse doit être différente.

Il est indéniable que l'U.R.S.S. a confiance en elle-même, mais je pense qu'en même temps elle est tentée par l'isolationnisme. Après les pertes qu'elle a subies, l'encerclement capitaliste, les attaques fascistes, l'U.R.S.S. a le sentiment d'avoir beaucoup donné sans tellement recevoir en retour. Les Soviétiques ont fait la révolution, il y a cinquante ans et le citoyen moyen trouve qu'il donne beaucoup pour la défense et l'aide des peuples en lutte, et ce, au détriment de son niveau de vie.

Maintenant il y a un certain nombre de raisons à ce que l'Union soviétique soit quelque peu hostile à une union balkanique où se trouverait la Grèce. La tactique des pays capitalistes a toujours été de l'attaquer, de tenter de s'y infiltrer pour saboter et détruire le socialisme. Elle est donc sur la défensive. La France, par exemple, après sa grande révolution a réagi de la même façon : elle avait peur de tout ce qui venait de l'étranger. Mais malheureusement un tel comportement crée un climat réactionnaire. Dans le domaine du principe, un pays socialiste, progressiste, fonde son action sur l'offensive. C'est lui qui prend des initiatives. Et c'est comme cela que l'Union soviétique justifie ses relations avec l'Espagne franquiste : il faut à tout prix avoir des relations avec les autres, même avec les pays réactionnaires. De plus, étant la plus forte, elle peut toujours espérer arriver à aider les masses.

Toutefois, je crois qu'en ce domaine les pays socialistes ont un peu exagéré. Ils ont fait des erreurs que nous, les résistants, avons condamnées. Par exemple qu'un ministre bulgare se soit rendu en visite officielle en Grèce, qu'il ait franchi ce que nous appelions le « mur de la honte », c'était trop. Le jour où nous avons appris cette visite, j'étais à la Mutualité, à Paris, assis entre Georges Marchais et Jean-Jacques Servan-Schreiber. Officiellement, j'étais présent en tant que président du Front patriotique. Quand je suis monté à la tribune, j'ai condamné cette visite. C'est même à ce moment-là qu'ont commencé mes difficultés avec les communistes français.

LA HONTE 95

Georges Marchais m'a reproché, et il avait peut-être raison, de ne pas l'avoir mis au courant avant de prendre la parole. A vrai dire, ce n'est qu'au dernier moment que nous avions eu l'information. Nous avons condamné d'autres actions des pays socialistes, la construction d'une centrale électrique en Grèce ou encore la participation de l'Union soviétique aux jeux Olympiques européens qui avaient lieu à Athènes. Cette année-là, la Grèce était l'organisatrice de cette rencontre; le stade où devaient se dérouler les épreuves était celui où les colonels avaient regroupé des milliers de communistes arrêtés dans la nuit du 21 avril 1967, et l'équipe soviétique a accepté de s'y rendre; elle a même défilé, drapeaux rouges en tête, devant le général Pattakos! Les sportifs allemands, au moins, avaient refusé. C'est ce que j'appellerai du bureaucratisme. Les Soviétiques ont pour principe de participer systématiquement aux jeux Olympiques parce qu'ils en ont été exclus pendant longtemps. C'est une de leurs conquêtes, alors, ils participent. Nous pensons qu'à ce moment-là le Présidium suprême aurait dû décider de faire une exception pour la Grèce. Ils ne l'ont pas fait. Routine? Peut-être, mais je pense que c'est avant tout du bureaucratisme. C'est difficile à accepter.

Cela dit, les choses sont peu aisées à apprécier. Les Soviétiques savaient que la Junte avait des difficultés avec les Américains et ils avaient peut-être l'intention d'en profiter au bénéfice du peuple grec? Ils savaient que Papadopoulos avait exigé que tous les agents de la C.I.A. évacuent la Grèce, qu'il commençait à faire sa propre politique, plutôt pro-arabe et pro-balkanique, que c'était lui qui, le premier, avait invité Ceaucescu. Quand j'ai rencontré Ceaucescu, il m'a dit qu'il avait des informations selon lesquelles les colonels grecs souhaitaient entamer des relations avec les pays socialistes. Devait-il accepter l'invitation? Papadopoulos voulait-il faire une politique d'ouverture, ou non? Lorsque j'étais en prison, six mois après le coup d'État, un des colonels, Ladas qui était le chef de la Sûreté c'est-à-dire de la police, est venu me rendre visite et il m'a dit : « Écoute, nous ne sommes pas des agents américains. Nous avons travaillé pour eux mais, en fait, nous les avons exploités. Nous avons imposé notre régime avec l'objectif premier de frapper l'oligarchie grecque, de frapper le trône et de jeter les Américains à la mer. Mais il faut y aller en douceur, parce que nous sommes surveillés. Si nous faisions un faux pas, ils nous liquideraient. C'est pour cela que je suis venu te voir. Nous pensons que tu peux nous aider en nous mettant en contact avec les Soviétiques parce que nous avons aussi besoin d'eux. » Il me proposait donc d'aller négocier une alliance avec les Soviétiques, moyennant quoi, il me libérait. Évidemment, je ne l'ai pas cru. C'était facile, j'étais en prison et tout ce bluff n'était sûrement qu'une façon de me tendre un piège. Et pourtant, je dois dire qu'il m'a paru sincère. Il ne m'a demandé ni de faire une quelconque déclaration ni quoi que ce soit d'autre. C'était, vraisemblablement, un émule de Khadafi.

Mais je reste persuadé, qu'au fond, nos colonels n'étaient rien d'autre que des agents américains. Certes, Nasser, lui aussi, était un colonel, il n'était ni progressiste ni communiste mais il a pourtant mené une politique intéressante pour le peuple égyptien. Du moins à un certain moment. De Gaulle était un général qui a eu, à une certaine époque, une politique progressiste. Boumediene est un colonel... Pour nous, Papadopoulos était un agent. Je suis allé à Moscou tenter d'expliquer qui étaient les colonels grecs, démontrer la différence qu'il y avait entre Nasser et eux, prouver que la Junte n'était que le fruit de la politique américaine et n'avait aucun contact avec les masses. « Si vous mettez un rouble sur eux, c'est foutu! » leur ai-je expliqué. Leur analyse était différente.

Je suis cependant convaincu que les Soviétiques n'ont jamais eu l'intention de collaborer avec les dictateurs, mais qu'ils croyaient possible d'aider le peuple grec contre les fascistes en passant par les contradictions internes de la dictature; seulement, à ce moment-là, ils refusaient d'en discuter avec nous. Si aujourd'hui, je suis en rupture avec les deux partis communistes grecs, si mes relations avec l'Union soviétique et avec le mouvement communiste international se sont distendues, c'est à cause de cela. L'histoire a démontré que nous avions raison quand nous disions que les colonels étaient isolés, condamnés. Les Soviétiques ont pu penser qu'ils pouvaient, sur le plan tactique, susciter une sorte de nassérisme en s'appuyant sur une fraction de l'armée. En somme, répéter l'histoire de l'Égypte. En Égypte, il y a eu un moment où les Soviétiques aidaient Nasser qui combattait les communistes. Nasser, à leurs yeux, représentait le peuple égyptien contre l'impérialisme, même lorsqu'il mettait en prison les leaders populaires. Je crois, quand même, qu'à long terme ce fut un mauvais calcul parce que le peuple égyptien a fini par penser que les Soviétiques faisaient des affaires contre la morale politique.

On ne peut pas dissocier la stratégie politique de la morale politique, à moins de tomber dans le machiavélisme, dans la cuisine politique bourgeoise. Les militants communistes sont animés d'une « foi » politique. Ce sont des êtres moraux qui n'agissent pas seulement par raison. Au contraire, il leur arrive, parfois, d'agir contre elle. Par exemple quand, pendant la résistance ou pendant la guerre civile, ou encore pendant la lutte contre la Junte, nous étions mis en prison, ou condamnés à mort, on nous proposait de signer une « déclaration de repentir », moyennant quoi nous étions libérés. Les militants communistes ne l'ont jamais signée et sont restés fidèles jusqu'à la mort. Dans un sens, c'était aller contre la raison parce que la résistance perdait ainsi des hommes de valeur. Mais elle y gagnait sur le plan moral et cela seul compte.

Pour nous, les Grecs, la lutte contre la dictature était un problème moral. Ouvriers ou paysans, nous avons toujours vécu dans la soumission. Il y a toujours eu un gendarme pour nous surveiller, une droite très forte pour nous opprimer. Dès lors quelle était la différence entre une droite constitutionnelle et la Junte? Ce n'était pas une question quantitative. Au contraire, c'était peut-être la première fois que les policiers avaient reçu l'ordre de ne pas abuser de leurs prérogatives. A l'extrême, on peut dire que dans une certaine mesure, avec les colonels, certaines couches populaires qui, auparavant, étaient l'objet de persécutions permanentes de la part des autorités avaient commencé à respirer. Non. C'était une question qualitative. Les dictateurs de 67 s'étaient situés à un autre niveau, le niveau de la honte dont ils ont couvert le peuple grec. Même si Papadopoulos avait pu donner beaucoup plus de bien-être, nous n'en aurions pas voulu. Pour nous, c'eût été honteux. Et il faut bien comprendre que c'est un peuple entier qui pensait de la sorte (sauf peut-être Onassis et quelques autres qui ont profité de cette tragédie pour faire des affaires). Dans l'existence humaine, il arrive un moment où le calcul s'arrête et où l'être moral reprend le dessus, remplace même la logique. Les Grecs, pendant sept ans, ont été sur-logiques, au-delà de tous les calculs, et nous aurions voulu que tout le monde respecte cette tristesse, ce malheur national. Quelques-uns ont cru, ici et là, que c'était encore le temps des calculs; le peuple les a condamnés.

Peut-on penser que l'opposition du peuple grec à la Junte reproduisait l'affrontement Créon/Antigone?

Ce serait leur faire beaucoup d'honneur. C'étaient des chiens. Créon était une personnalité. Il avait reçu le pouvoir de la cité. Il était la logique, tandis qu'Antigone était la loi divine. Il n'y a aucune comparaison avec Papadopoulos. C'était un chien. C'était un voleur. Une honte, pour nous tous. Les Grecs ont vécu beaucoup d'expériences tragiques. Celle des colonels n'était pas exceptionnelle. Ce qui la différenciait des autres, c'était la honte. Papadopoulos est un homme qui a osé nous dire : « Vous êtes malades. » Personne, jamais, ne nous avait dit une chose pareille, pendant deux millénaires. Même Hitler! qui, quand il a envahi la Grèce, nous a dit : « Je vous admire. » Les colonels auront été les seuls à nous mépriser.

Le 21 avril 1967, un peuple en quête de démocratie est muselé par un coup d'État et une Junte fasciste. C'était en Grèce. En août 1968, des tanks assujettissent, « normalisent » dit-on, un peuple lui aussi épris de liberté. C'était en Tchécoslovaquie. La comparaison est-elle possible?

Il y a beaucoup de similitudes mais aussi de très grandes différences. Prague, ce sont, d'abord, deux conceptions du socialisme qui se sont affrontées, même si l'une d'elles a employé la manière forte pour faire triompher ses vues, ce qui est tout à fait condamnable. Les Soviétiques avaient peur. Ils estimaient que les Tchèques étaient gagnés par le révisionnisme, étaient en train de faire le premier pas vers un retour au capitalisme. Toutefois, on ne peut pas dire que l'équipe qui gouverne, aujourd'hui, la Tchécoslovaquie soit composée d'agents du Guépéou, alors que Papadopoulos, Ioannidès et les autres n'étaient que des pions manœuvrés par la C.I.A. Ils étaient aussi des tortionnaires et des bandits sans aucun contact avec le peuple grec tandis que Husak et son groupe représentaient une fraction communiste. Mais il manque encore beaucoup d'informations et je n'ai pas étudié le problème en profondeur. Je pense qu'il y a dans tous les pays de l'Est, une contradiction qui se résoudra tôt ou tard et qui oppose le dogmatisme bureaucratique aux masses. Cette contradiction avait commencé à se résoudre en Tchécoslovaquie et c'est ce qui a inquiété les autres pays socialistes qui ont craint des réactions en chaîne. C'est une explication à l'intervention des troupes du Pacte de Varsovie, je ne sais pas si c'est la seule.

Ce qui m'attriste le plus, c'est que j'étais convaincu, en 1968, qu'une nouvelle expérience du socialisme avait commencé. Elle a été étouffée par une intervention étrangère. C'est inacceptable. Je suis contre toute intervention étrangère même si elle doit avoir lieu sans violence. Malheureusement il y a des camarades pour penser que si le socialisme venait à être mis en difficulté, y compris si le « danger » vient de ceux-là mêmes qui le construisent, un pays frère a le droit et le devoir d'intervenir. C'est une chose que je conteste, sinon, on arrive à des situations absurdes. Au mois d'août 1968, j'étais en résidence surveillée à Vrachati[9] et j'étais inquiet parce qu'il y avait tout de même un certain nombre d'excès, en particulier dans les discussions publiques. Il y avait, certes, des camarades sûrs, mais j'avais quand même peur qu'il y ait aussi des manipulations, que le peuple soit manœuvré par des agents. Quelques jours avant l'intervention à Prague, l'ambassadeur soviétique est venu me rendre visite et nous avons évoqué la situation. Il m'a rassuré en me disant : « On tient bien la situation. S'il y avait dégénérescence, s'il y avait quelque chose d'inquiétant, nous serions prêts à réagir. » C'est moi qui étais inquiet. J'ai été formé à une école communiste dure. J'ai vécu dans un pays qui a connu toutes les manœuvres fascistes et impérialistes. Pour nous, le respect de la discipline comptait par-dessus tout, unique garant de notre victoire. Se laisser aller à

---

9. Petite ville sur la côte nord du Péloponnèse, non loin de Corinthe où Mikis Théodorakis a une maison.

des discussions libérales au beau milieu de la bataille eût été aller à notre perte. Mais peut-être suis-je moi aussi dépassé ?

En 1968, la Tchécoslovaquie avait déjà fait la révolution socialiste et entrait dans une nouvelle étape, mais le réflexe d'un communiste orthodoxe comme je l'étais restait le plus fort. Néanmoins, par principe, j'étais contre l'intervention soviétique. Quand Papadopoulos a envoyé un de ses généraux, dans mon village, pour que je prenne position publiquement contre, je n'ai évidemment fait aucune déclaration, lui répondant que les chars américains me suffisaient. Ce qui ne m'a pas empêché, par la suite, de dire nettement mon avis, dans un de mes livres[10], ce qui m'a valu de figurer sur la liste des « traîtres » qui était affichée sur de grands panneaux, au cœur de Prague. C'est Santiago Carrillo qui m'a dit cela. Le sien, aussi, y figurait. Nous étions un certain nombre à être devenus des ennemis du peuple tchécoslovaque par le seul fait d'avoir protesté ou simplement émis des doutes quant à l'intervention. Il n'en reste pas moins que je suis convaincu qu'entre ce qui s'est passé en Grèce en 1967 et la fin du « Printemps de Prague », il y a beaucoup de différences, même en dépit de quelques points communs.

---

10. *Culture et dimensions politiques,* Éd. Flammarion.

IV

DE GAULLE - CARAMANLIS, MÊME COMBAT

> Soleil Premier Athènes Première
> Et Mikis le millionième
> A sa suite cent mille
> Encore cent mille
> Et cent mille autres innocents
> Et ainsi de suite
> Jusqu'à la fin des temps

Le soleil et le temps, Mikis Théodorakis.
Mis en musique à la prison
de Bouboulinas le 17 octobre 1967.

20 avril 1975, Alexandroupolis, dernière ville avant la Turquie. Une forte garnison. Mikis Théodorakis en sait quelque chose pour y avoir fait son service militaire, en 1949, après qu'il eut été « rééduqué » au camp de concentration de Makronissos. Les premiers temps, il avait été bien accueilli par un capitaine mélomane. Las, quelques jours plus tard arrivait son dossier politique. De nouveau, ce furent les sévices, le cachot et la menace d'être renvoyé, une fois de plus, à Makronissos. A l'époque, il fallait encore attendre l'arrivée de son dossier pour savoir qui il était.

Ce n'est qu'au retour de son premier séjour à Paris, en 1960, que Mikis Théodorakis a progressivement occupé le devant de la scène, politique et musicale, au grand dam du pouvoir en place, parfois aussi de certains de ses amis.

J'ai commencé en 1960, dans la nuit, dans une nuit spirituelle, culturelle et politique terrible. Je faisais des concerts et ce n'était pas simple parce que la répression était féroce. C'était, à peine, dix ans après la guerre civile et les pressions de la police et de l'armée étaient considérables. Mon initiative, je veux dire mes concerts qui étaient hautement politisés, était un des premiers mouvements politiques de masse que la Grèce connût depuis les années terribles.

Un jour que nous étions dans le Péloponnèse, des étudiants sont venus me trouver. Je prenais mon café, seul, au bord de la mer. Ils se sont assis à mes côtés et m'ont dit : « On était présents, hier soir, à votre concert et nous pensons que ce que vous faites, ce n'est pas de la musique mais de la politique. De la politique qui nous concerne tous. Nous appartenons à différents partis, mais nous reconnaissons en toi notre porte-parole. Pourquoi ne prends-tu pas une initiative politique? » Je leur ai répondu que j'étais à leur disposition mais que c'était à eux de faire le premier pas. Pas à moi. Mon rôle est de semer. C'était en 1962. Nous avons commencé à faire des réunions et c'est ainsi qu'est né le Manifeste d'Athènes. Ce Manifeste est celui d'un mouvement politico-culturel, nettement situé à gauche mais en dehors de tous les partis existants. Très rapidement ce mouvement prit une ampleur inespérée. D'anciens cadres du parti, en rupture de ban, mais ayant formé un groupe, sont venus nous voir et prendre contact. Puis ce furent les officiers de l'Armée populaire qui avaient créé un club... Ils étaient ainsi des milliers en dehors des partis à venir se regrouper sous la bannière du Manifeste d'Athènes. L'E.D.A., que ce rassemblement inquiétait, nous a, alors, envoyé un émissaire qui, d'abord, fut très dur, nous accusant d'être des scissionnistes et des perturbateurs dans les forces de gauche; mais en même temps, il proposait le dialogue, ce qui était la moindre des choses parce que nous étions très forts : des milliers de gens s'étaient organisés autour de nous et des dizaines de milliers de sympathisants étaient prêts à nous suivre. Le dialogue a donc commencé à un très haut niveau. J'étais le seul et unique représentant de tous les indépendants que nous étions. De l'autre côté, il y avait Glezos, Brelakis et Kirkos, les leaders de l'E.D.A. C'est précisément à ce moment-là qu'a éclaté l'affaire Lambrakis. Grégoire Lambrakis, député de l'E.D.A., était notre ami.

J'étais à Athènes quand l'affaire a eu lieu et c'est par un coup de téléphone de Brelakis que j'appris la nouvelle. Ma première réaction fut de lui répondre : « Je pars immédiatement pour Salonique » et lui, sans attendre, me dit : « Passe d'abord au siège du parti. »

L'E.D.A., en effet, avait décidé d'envoyer une délégation sur les lieux de l'attentat, pour réaffirmer son soutien à Lambrakis, calmer l'émotion des progressistes de la capitale du Nord, et surtout tenter de reprendre la situation en main. Alors si Mikis Théodorakis tenait vraiment à aller à Salonique, lui expliqua-t-on, mieux valait qu'il se joigne à Manolis Glezos, Yannis Ritsos et un parlementaire qui, tous les trois, partaient le soir même. Ainsi auraient-ils, tous ensemble, beaucoup plus de poids face aux événements et leur action n'en serait que beaucoup plus profitable. On peut, toutefois, penser que dans l'esprit de certains dirigeants de l'E.D.A., il s'agissait d'abord et avant tout d'encadrer ce grand diable de compositeur avec lequel on ne sait jamais ce qui peut arriver. Il ne fallait pas, non plus, laisser entre ses seules mains l'héritage de Lambrakis. La chose ne fut pas facile.

Glezos était un leader très populaire; Ritsos l'était à peine moins, connu pour son dévouement au mouvement progressiste et pour sa poésie. Mais, pourtant, la foule, quand elle les vit apparaître, bousculant le protocole, n'eut qu'un seul nom à la bouche : Mikis.

Nous étions arrivés ensemble, nous logions dans le même hôtel, mais les responsables du service d'ordre voulaient bien montrer qu'il y avait une différence entre les leaders officiels et moi. Par exemple, dans les manifestations, ma place était en retrait des autres; ou encore, le soir après les meetings, les gros bras du service d'ordre raccompagnaient les leaders du parti jusqu'à l'hôtel (il faut dire que nous avions, en permanence en face de nous, le clan des assassins que l'armée et la police protégeaient et aidaient sans la moindre pudeur), mais moi, on me laissait rentrer seul. C'était une façon supplémentaire de montrer que je n'étais pas un officiel du parti.

Lambrakis avait été attaqué le mercredi. Pendant quatre jours, tout fut tenté pour le sauver, en vain. Le dimanche il fut décidé d'enlever tout l'appareillage qui ne suffisait plus à le maintenir artificiellement en vie. Il est mort le lundi.

Pour les funérailles, deux conceptions se sont opposées. Le Mouvement des indépendants, Mikis Théodorakis en tête, penchait pour un enterrement politique au cours duquel les masses seraient appelées à manifester contre la reine Frederika, véritable responsable de l'assassinat, et son Premier ministre, Constantin Caramanlis. L'E.D.A., au contraire, décida d'organiser une cérémonie dans le calme sans aucun caractère ni slogan politiques. En effet, elle craignait qu'au hasard d'un débordement, les funérailles d'un de ses leaders devenu martyr lui échappent.

La foule fut donc invitée à venir saluer dans le calme et la dignité la dépouille mortelle qui devait arriver de Salonique, par le train. Au jour et à l'heure dits, toute la haute direction de l'E.D.A., en grande pompe, était présente, dans la gare de Larrissis. Les étudiants, aussi. Dans la salle des pas perdus, la foule était imposante. Le silence régnait en dépit de quelques remous dus à une attente qui se faisait longue. Brutalement, il y eut une agitation. Mikis Théodorakis venait d'apparaître, bruyamment salué par nombre des participants. Les « tralala » étaient arrivés, selon l'expression dépitée d'un des dignitaires du parti. Les étudiants s'étaient réveillés. Ils n'étaient pas venus pour assister à un enterrement « comme il faut », mais pour mener une bataille. Pour les organisateurs du rassemblement funèbre, il fallait, coûte que coûte, écarter le perturbateur avant qu'il ne soit trop tard. On l'entraîna, donc, discrètement mais fermement vers le buffet de la gare pour l'isoler. C'était une véritable arrestation. Le calme revint, précaire et l'attente se réinstalla. Quand, enfin, la dépouille mortelle apparut, le silence régnait, lourd, un de ces silences qui préludent parfois à l'explosion. La nuit était tombée. La tension était à son comble. C'est à peine si on entendait le bruit des voitures à l'extérieur. Tout semblait s'être arrêté. Et l'irréparable fut alors commis. On lâcha le fauve. On libéra Mikis Théodorakis de sa prison-buffet de la gare. Tout le monde le voit réapparaître. Tout le monde le regarde. Il domine la foule d'une bonne tête.

Il se dirige vers le cercueil. Le silence est de plomb, les respirations, un instant suspendues. Il est le seul mouvement dans cette mer humaine paralysée. Il arrive au pied du catafalque, s'arrête et applaudit. Alors la gare tout entière bascule. La foule n'est plus qu'applaudissements et cris. La lutte a commencé. Une manifestation s'amorce qui se dirige, Mikis Théodorakis en tête, vers la cathédrale où le corps doit être porté. La situation est intolérable pour l'E.D.A., elle qui a décidé qu'il n'y aurait pas de cortège. L'ordre est donné de se disperser. La foule ne veut rien savoir. Glezos rejoint les rangs de tête et tente de dissuader Mikis Théodorakis de poursuivre. Sans succès. Alors il le pousse dans un taxi et l'entraîne loin de cette manifestation qui, du coup, se dissout. Il était « arrêté » pour la seconde fois.

Le lendemain, avait lieu l'office solennel. Quand Mikis Théodorakis arrive, la cathédrale est bondée, à ce point qu'il doit rester dehors, le temps de la cérémonie, jusqu'à ce que les membres du bureau politique sortent, précédés du cercueil. Il suit, rapidement entouré par la foule. C'est ce jour-là, sur le chemin du cimetière, qu'ont éclaté « Lambrakis Zi », « Lambrakis vit » et « Chaque jeune est un lambrakis », les deux slogans avec lesquels la jeunesse grecque va s'organiser et mener la lutte qui la conduira au fond des geôles des colonels. Le cri de guerre est lancé et devant les grilles du cimetière personne ne veut plus partir. Une nouvelle manifestation s'organise. Arrive Kirkos qui dit : « Amis, je suis Kirkos, le leader de l'E.D.A... rentrez chez vous, maintenant. Mikis, viens avec moi! » et il l'entraîne vers une voiture qui le ramènera à Néa-Smyrni, chez lui. Troisième arrestation.

Au-delà de tout l'aspect anecdotique de cette histoire, l'important est qu'il s'était produit un véritable miracle. Le fantastique mouvement qui s'était créé autour de l'affaire Lambrakis était le fruit des luttes du mouvement progressiste mais aussi de ce que nous avions semé pendant des années en organisant, contre vents et marées, des concerts qui n'étaient pas simplement des manifestations mélodiques, plaisantes et agréables mais avant tout des moments de lutte et de mobilisation politique.

A cette époque, pourtant, on nous jetait des pierres; nous étions chassés, menacés, partout où nous passions. Mais, déjà, j'étais un porte-parole des masses opprimées, même si je n'étais pas un leader désigné par ses pairs. Ce déphasage entre la réalité et l'organisation d'un appareil politique est un problème. Jamais la synthèse de ces deux fonctions n'a pu être faite, sauf lors des Jeunesses Lambrakis. En effet, le lendemain de la cérémonie funèbre, j'étais convoqué au siège de l'E.D.A. Convaincus du poids du mouvement né du Manifeste d'Athènes et désormais conscients du rôle qui revenait à la jeunesse, les dirigeants de l'E.D.A. me proposèrent d'organiser un grand rassemblement des jeunes qui allait devenir les Jeunesses Lambrakis. Une seule condition, toutefois : la direction de ce mouvement serait partagée entre moi-même et le bureau politique du parti. J'ai accepté. En effet, bien que je sois peu favorable aux lourdeurs des appareils institutionnels, j'estimais qu'en l'occurrence, l'enjeu d'un tel mouvement valait le compromis. Mais ce ne fut pas simple parce qu'alors a commencé une véritable course entre deux conceptions opposées : une indépendantiste, la nôtre et une centralisatrice et autoritariste, celle de l'appareil. Nous devions lutter sur deux fronts : contre les fascistes mais aussi, bien qu'à un moindre degré, contre les mécanismes du parti qui n'avaient de cesse que de nous freiner. En fait, l'E.D.A. elle-même était divisée. D'un côté, il y avait ceux qui nous étaient favorables, qui estimaient que notre action était efficace; de l'autre ceux qui pensaient le contraire. Nous avions vécu, tous ensemble, les terribles années de lutte, mais chez certains, la volonté de puissance et de domination l'emportait.

Vous avez, donc, été président des Jeunesses Lambrakis puis, peu après, député de l'E.D.A., succédant à Lambrakis; pendant la dictature vous avez organisé le Front patriotique de résistance aux colonels dont vous avez été le président. Or en octobre 1974, vous vous présentez aux élections, et contre toute attente êtes battu. Comment cela s'explique-t-il?

Il y a d'abord une première mise au point qui s'impose : je ne tenais pas du tout à me présenter à ces élections. Si je l'ai fait, c'est parce que des amis ont réussi à me convaincre qu'il le fallait. Je ne souhaitais pas me présenter pour deux raisons essentielles. La première est qu'à l'aube de mes cinquante ans, j'estimais qu'il était nécessaire que je me consacre beaucoup plus à la musique que je ne le faisais. Le travail politique, nombreux sont ceux qui peuvent le faire, tandis que la musique, personne ne peut l'écrire pour moi. De plus, je ressentais, particulièrement après les années d'exil, le besoin de me consacrer à la création musicale. La seconde raison tient au différend qui opposait les deux mouvements communistes. J'ai consacré le plus clair de mon temps, pendant les années de dictature, à appeler à l'unité et j'estimais que ce n'était certainement pas le moment de prendre parti pour l'un ou l'autre.

Mais les choses aidant, je me suis finalement laissé convaincre, et ce, d'autant plus qu'avec les deux partis communistes nous avons signé un accord qui reconnaissait la participation d'un certain nombre d'indépendants tels que moi. Pourtant, les francs-tireurs, nous n'étions pas tellement nombreux, parce qu'embarrassés par la querelle intestine qui secouait la gauche grecque. Nous avions, toutefois, l'espoir secret d'aplanir les divisions et de provoquer un consensus, le premier pas vers la réunification.

Je me suis donc présenté au Pirée dont j'avais déjà été l'élu, de 1964 au coup d'État des colonels, et où j'ai toujours déployé une très grande activité, en tant qu'homme politique et en tant que musicien. Je ne me faisais guère de souci quant à l'issue du scrutin, tellement j'étais persuadé que les électeurs de ma circonscription dépasseraient l'antagonisme des appareils et voteraient pour l'homme de l'unité que je voulais être.

Pour toutes ces raisons, mais aussi pour ne pas tomber dans la surenchère avec mes challengers, je n'ai pas du tout pris part à la campagne électorale dans ma propre circonscription. J'étais présent, comme orateur, dans tout le pays, mais n'ai tenu qu'un seul meeting là où je me présentais. Pendant qu'au Pirée les autres candidats organisaient réunion sur réunion, distribuaient tracts et bulletins de vote (parce qu'en Grèce, les bulletins de vote sont distribués par les candidats eux-mêmes) et faisaient du porte-à-porte pour assurer leur élection, avec beaucoup de romantisme peut-être, je me suis consacré à une campagne nationale, pour l'Union de la gauche. A tel point qu'à trois jours du scrutin, des amis affolés par les efforts déployés par ceux qui étaient mes concurrents ont fini par louer un magasin pour en faire une permanence électorale. Je n'avais même pas de permanence électorale, trois jours avant le scrutin! Mais j'ai été battu, comme toute la gauche d'ailleurs qui, au total, n'a obtenu que neuf pour cent des voix. C'était la tristesse générale. Tristesse d'un peuple qui, pendant cinquante ans a tout donné, a connu la prison, a perdu un père, un frère, un fils, pour être finalement sous-représenté au Parlement. Tristesse personnelle, ensuite, parce que j'ai, les premiers jours, ressenti cet échec comme un échec personnel. Je crois, aujourd'hui, que j'étais comme Don Quichotte s'attaquant aux moulins. Avec le recul, j'ai compris qu'en réalité ma place était étroite entre les deux appareils et qu'un homme seul peut difficilement se battre et gagner quand il est coincé par deux mécanismes antagonistes.

J'étais quand même amer. J'ai vécu toute l'épopée de la résistance, que ce soit celle contre les Allemands ou celle contre les dictateurs, en n'ayant jamais qu'un seul objectif : la victoire populaire. Si je me suis mis en avant, c'était uniquement pour que notre peuple qui a enduré beaucoup de choses soit enfin victorieux. Ces élections ont été pour la gauche un échec, mais je sais qu'il ne s'agit là que d'une bataille perdue, pas de la guerre. Un jour viendra où nous l'emporterons. Lorsque notre peuple sera libre, totalement libre, je me suiciderai de joie, parce qu'alors, comme mes camarades de lutte, j'aurai terminé ma tâche. Ma génération est très émotive. Nous nous sommes toujours battus avec tout notre cœur. Nous avons été victorieux par les armes, mais contraints par les décisions des Grands, nous nous sommes laissés désarmer. On nous a poursuivis, emprisonnés, torturés, tués. J'ai vu autour de moi des dizaines de milliers de camarades mourir. Mais je sais que ce n'est pas en vain. Tout ce que j'ai aimé, jusqu'à présent dans ma vie, c'est le peuple grec. Je veux qu'il redevienne joyeux, heureux et libre. Quand il a connu la liberté, au moment de la Libération, en 1945, on a pu voir alors un génie, un génie populaire extraordinaire, un grand cœur qui palpitait. Je veux le revoir, encore une fois, avant de mourir.

Je me souviens, en 1945, juste après la bataille de Décembre [1], nous étions traqués par les Anglais et les fascistes. J'ai rencontré dans la rue un vieux militant communiste. Il avait cinquante ans. Il était tuberculeux et mourant. Je l'ai installé dans un dépôt et ensemble, nous avons recommencé la résistance, à Athènes, contre les Anglais. Je suis allé dans une banque voler une machine à écrire. Nous avons fabriqué une machine à ronéotyper et le premier tract que nous avons imprimé, c'était une lettre ouverte à Churchill, par laquelle nous condamnions la politique anglaise. Nous rédigions et fabriquions ces tracts tous les deux et le soir, seul, j'allais les distribuer dans la ville. Ainsi, nous avons rencontré un

---

1. Pendant six semaines, de durs combats opposent les partisans grecs à l'armée britannique qui a reçu l'ordre de les éliminer. 7 500 résistants sont faits prisonniers et déportés en Afrique.

autre camarade, puis un autre et encore d'autres et nous avons commencé à constituer des noyaux pour créer la première organisation. Et le vieux, un jour, dans le dépôt m'a dit : « Fais-moi un dernier plaisir. Je vais mourir demain ou après-demain. Je voudrais participer à une réunion de camarades pour voir, une dernière fois, que le Parti est vivant et je pourrai mourir heureux. » Je l'ai transporté dans une maison où devait se tenir une réunion. Il était agonisant mais quand la séance a commencé par le mot de « camarades », il souriait. Et puis, il s'est endormi. Il est mort quelques jours après, heureux, parce que le Parti continuait la lutte. Nous sommes comme ça, nous. Notre vie s'arrête là. Notre vie est un peu comme un poème.

Aucune critique qu'on adressera ne m'arrêtera. Le poids que j'ai, je veux l'utiliser pour la cause populaire. Et si, aujourd'hui, je ne suis pas avec mes camarades d'hier, les communistes orthodoxes, c'est parce que je vois qu'ils sont tombés dans un pinaillage dogmatique et idéologique. Ils sont perplexes et ne voient plus le problème. C'est l'arbre qui cache la forêt. Je ne veux pas me laisser paralyser par des querelles byzantines, pour savoir quel est le sexe des anges. Ce n'est pas ce qui m'intéresse. C'est pour cette raison que j'ai rejoint l'Union de la gauche. Mais là encore, j'ai trouvé le fanatisme et les passions. Le dogme y était tellement important qu'on finissait une fois de plus par ne plus voir les vrais problèmes. Je suis toujours avec eux, moralement, sentimentalement, mais je suis contre tout fanatisme. Je suis persuadé que si l'on dépassait le fanatisme, si l'on s'asseyait autour d'une table, devant les réalités grecques et internationales, alors nous serions, à nouveau, tous camarades, et nous retrouverions la vraie voie. Mais, hélas, il semble que ce soit impossible. Quand nous nous retrouvons autour d'une table, au lieu de voir la Grèce, nous retombons dans les querelles de dogme. Finalement, c'est l'immobilisme. C'est pour cela que je propose une voie complètement dégagée, complètement libre. Ce rôle d'unificateur, je veux le jouer. Je ne sais pas encore comment. Déjà, je le joue en faisant de la musique, en organisant des concerts, en faisant les déclarations et les critiques que je crois utiles. Mais je ne suis pas et ne serai jamais un politicien professionnel.

Quand se dégagera un mouvement authentique, j'en deviendrai aussitôt un cadre, parce que je suis un homme d'organisation comme je l'ai prouvé au moment de la Jeunesse Lambrakis, mais je veux être sûr cette fois-ci, qu'il s'agira d'un véritable mouvement révolutionnaire, avec une idéologie socialiste, et parfaitement libéré de toutes les mesquineries partisanes, de l'attentisme et du fanatisme.

Selon vous, la prise du pouvoir par le peuple peut-elle passer par les élections ou bien ne peut-elle s'opérer que par le recours à la force?

Le peuple ne pourra jamais s'assurer le pouvoir par les élections s'il n'a pas, en même temps, un plan pour faire face à des situations du type de celle du Chili. Il peut gagner des élections, organiser un gouvernement qui soit le sien, tenter de substituer son pouvoir à celui qui régnait avant son avènement, mais il ne doit pas s'illusionner. Le pouvoir en place va réagir. Le peuple doit donc être prêt, à ce moment-là, à frapper très vite.

Il est nécessaire, avant toute victoire électorale, de constituer un gouvernement fantôme au sein même du mouvement populaire, c'est-à-dire organiser un ministère de la Défense (avec des généraux, un état-major et une stratégie), un ministère du Travail, etc., prêts à se substituer, sans attendre, à ce qui préexistait. C'est le vieux principe de Lénine selon lequel on ne peut pactiser avec le pouvoir en place. Il faut détruire les mécanismes de la bourgeoisie et de son pouvoir qui sont l'essence de la dictature, celle-ci en étant le dernier rempart. Mais la bourgeoisie, avec l'expérience des siècles, peut se permettre d'être douce, de cacher ses griffes. Le gant de velours sous lequel la main de fer demeure. Si elle sent qu'il existe le moindre danger, elle ôte son gant et sort ses griffes. Partout et toujours elle est prête à organiser la dictature la plus sanglante, comme ce fut le cas, en France, après la Commune. Toutefois, elle est rarement confrontée à une telle extrémité, son système d'asservissement étant parfaitement au point : les ouvriers travaillent bien, ne se plaignent pas trop et le prolétariat est profondément divisé. La bourgeoisie peut donc s'offrir le luxe de vivre dans une « grande paix ».

Je crois que les expériences chiliennes et grecques montrent que les élections sont choses importantes mais qu'elles ne doivent pas faire oublier la nécessité d'un noyau dur, toujours prêt à protéger les victoires populaires. C'est pour cela qu'un parti révolutionnaire est toujours nécessaire qui, dès qu'apparaissent des signes inquiétants, peut intervenir et opérer un règlement de force, un règlement de compte. Je ne crois pas qu'en Grèce il y ait jamais un véritable pouvoir de transition, que l'oligarchie, les grands monopoles et leurs alliés, policiers et militaires, pactisent avec un gouvernement préparant l'avènement d'un pouvoir populaire. Si cela devait arriver ce ne serait que simulacre, le temps de préparer une contre-attaque. Nous aurions alors la même situation qu'au Chili.

Que faut-il faire? Il faut gagner les élections, s'organiser, mais aussi et surtout, que les forces populaires se fassent, de l'armée, une alliée. On peut constater que toutes les grandes révolutions se sont faites avec l'armée. En 1917, la révolution du peuple a été décidée par l'armée; l'armée tsariste a fraternisé avec les communistes. En Chine, l'armée de Tchang Kaï-tchek a changé de camp pour rejoindre celui de Mao. Au Portugal, la situation est un peu différente, mais là encore, l'armée joue un rôle déterminant. Cela, la bourgeoisie l'a très bien compris. Les Américains aussi. Des armées, qui leur sont dévouées corps et âme, chargées de fonctions policières et politiques, ont été créées par leurs soins à l'intérieur des pays vassalisés afin de les maintenir sous leur contrôle absolu. Voilà le problème. Il faut anéantir ce monstre tant qu'il n'est pas l'allié des masses et frapper très durement tous ceux qui en font la force.

A de rares exceptions près, tous les pays aujourd'hui socialistes le sont devenus par la violence. Considérez-vous la violence comme l'instrument nécessaire à la création d'une nouvelle société?

Il faut prendre garde au mot violence. Il y a la violence sociale, celle qui est le produit des relations humaines, des relations entre groupes sociaux ou ethniques et la violence psychotique et individuelle. Seule la première m'intéresse, la seconde étant du ressort de la psychiatrie ou de la littérature.

Il est important de noter que le socialisme est une démarche qui doit, entre autres choses, mettre fin à un système qui repose sur la violence. La théorie marxiste-léniniste démontre scientifiquement que la société capitaliste a construit ses systèmes de rapports sur la coercition, c'est-à-dire la violence, devenue de la sorte loi suprême. Pour mettre fin à l'inhumanité du capitalisme, la violence peut, parfois, être un recours nécessaire, même si elle doit provoquer des victimes innocentes. Mais comparée à toutes les exécutions quotidiennes dues à la nature rapace du capitalisme, la violence révolutionnaire est, finalement, bien peu de chose. Je trouve extraordinaire la mystification qui est faite autour de la violence. Nous vivons dans une société où elle est sans cesse appliquée. Certes, le plus souvent de façon fort ingénieuse et raffinée. La loi (qui est toujours celle du plus fort), la justice (qui est celle d'une classe, contre l'autre), le système de l'impôt, l'armée, etc., forment un complexe de violence légale qui permet à une minorité d'exploiter et d'opprimer la majorité. Combien de millions d'hommes meurent de faim ou faute de soins médicaux élémentaires, combien demeurent illettrés, combien partent à la dérive dans la drogue... en un mot, combien d'hommes sont opprimés et violentés, chaque jour? Refuser à un homme les moyens de vivre comme un être humain est, pour moi, la forme la plus odieuse de la violence. Indépendamment de cela, existe, aussi, une violence directe, celle que constituent ces forces spécialisées dans la répression des manifestations et des grèves, pour briser les mouvements de libération nationale, ou même assassiner un peuple entier, pour mettre en sécurité les bénéfices des grandes sociétés : que dire de la violence exercée par la United Fruit, l'American Banana Company ou I.T.T. pour le compte de qui ont été frappés les peuples du Guatemala et du Chili? Il est tout de même étrange que dans un monde où, hier, plus de cinq cent mille Indonésiens ont été massacrés en un mois parce qu'ils étaient communistes, où les peuples d'Amérique latine sont assassinés chaque jour un peu plus, la seule violence dont on parle soit celle provoquée par une révolution! Comment se fait-il qu'on oublie si facilement que l'arrivée au pouvoir de forces progressistes à Saint-Domingue, au Chili, par exemple, s'est faite sans violence, alors que c'est dans des bains de sang et par la torture que les impérialistes sont venus balayer la démocratie et protéger leurs profits?

S'il existe une violence justifiée, c'est celle exercée par l'immense majorité que constitue le peuple, car à tout moment cette majorité représente l'intérêt sacré de la nation, de l'humanité et de l'histoire. L'histoire des peuples a prouvé que cette violence sacrée contribuait au progrès humain. Chaque fois que les masses populaires, au moment crucial, font un bond en avant, balayant les forces réactionnaires et les représentants du capitalisme, elles ouvrent de brillantes perspectives à l'humanité tout entière.

Mais si la violence révolutionnaire peut être nécessaire

pour mettre fin à la violence inique du capitalisme, elle disparaîtra dans la société nouvelle, parce qu'alors les relations entre les homme reposeront sur l'égalité. Les hommes, au lieu de s'entretuer pour mieux se dominer mutuellement, pourront se consacrer à la lutte pour dominer la nature.

Sa propre nature et ses échecs politiques, économiques et militaires, ont finalement fait s'écrouler la Junte. Et un homme s'est imposé pour assurer la relève. Caramanlis?

C'est tout à fait exact. A ce moment-là Caramanlis est apparu à tout le monde, Américains y compris, comme le seul homme pouvant assurer la relève, pouvant établir ce compromis que nécessitait la succession de la Junte.
Pourquoi Caramanlis? Parce qu'il était l'homme qui avait, tout à la fois, la confiance de l'armée, celle des Américains et celle d'une grande partie du peuple. Évidemment, Washington aurait sûrement préféré s'appuyer sur quelqu'un d'autre, mais comme de Gaulle en son temps, Caramanlis apparaissait être le seul à pouvoir prendre effectivement les choses en main.

Qui est Caramanlis?

Pour bien répondre, il faut se situer à plusieurs niveaux : il y a Caramanlis en tant qu'individu, Caramanlis et sa conscience, comme il y a Caramanlis homme politique, Caramanlis et les autres, Caramanlis et son expérience. Pour comprendre le phénomène qu'il représente, il faut déterminer tous ces facteurs, voir le milieu dans lequel il vit, les habitudes qu'il a prises, les contacts et les liaisons qu'il a et avec quel milieu il les a. Mais il ne faut pas non plus négliger le facteur psychologique pour comprendre l'homme qu'il est. J'accorde une très grande importance au facteur humain.

Caramanlis est né dans un village. Il a eu une enfance de paysan, c'est-à-dire pénible. Ensuite, il est devenu avocat. Il est sorti de son passé, de la situation paternelle pour devenir « quelqu'un ». Après la guerre, grâce à son dynamisme, il est devenu ministre. Puis il a été choisi par les autres politiciens et surtout par les Américains comme l'homme qui pouvait rassembler autour de lui le noyau dur de la réaction. Il est devenu Premier ministre et l'est resté de 1958 à 1963.

Depuis la guerre, le facteur dominant dans le comportement de la bourgeoisie, c'est la peur des communistes. C'était effectivement le grand parti communiste qui mettait en difficulté la bourgeoisie. Grande ou petite, elle était effrayée par le « danger communiste », artificiellement gonflé par la propagande qui faisait des communistes des rouges, des Slaves, des Russes sanguinaires. Caramanlis est donc devenu le porte-parole de cette croisade anticommuniste. Mais, en réalité, c'étaient les Américains qui, plus encore qu'aujourd'hui, gouvernaient la Grèce. C'était juste après la guerre civile, ils avaient déjà mis en place, selon la doctrine Truman, les mécanismes qui leur permettaient, milliards de dollars aidant, de contrôler solidement le pouvoir. Caramanlis, en fait, était complètement manipulé; son rôle se limitait à expédier les affaires courantes, tandis que les grandes lignes de la politique intérieure et extérieure étaient du seul ressort des agents américains. Mais, petit à petit, Caramanlis a pris confiance en lui-même. Sa popularité et sa force effective grandissant il a commencé à mener une politique personnelle. Chose impardonnable pour ses patrons américains. Il s'est brouillé avec la reine Frederika et les Américains ont décidé de se débarrasser de lui. Je me demande même si l'affaire « Z », l'assassinat de Lambrakis, n'a pas été finalement montée en partie contre lui, cette machination criminelle devant, d'une part, stopper le mouvement populaire, progressiste et communiste, d'autre part, liquider un politicien devenu gênant en lui en faisant porter toutes les responsabilités. Le résultat est qu'il en est sorti déshonoré, et que son parti, peu de temps après, a perdu les élections. Il décida alors de s'exiler et de vivre en France. Il y restera douze ans.

Mais que les Américains le veuillent ou non, Caramanlis jouait le rôle du grand patron, le rôle du père, la conscience de la droite. Son départ et surtout son absence ont, en grande partie, provoqué la crise terrible qui devait accoucher de la dictature. Si Caramanlis était resté en Grèce, même à l'écart du pouvoir, il n'y aurait peut-être pas eu de dictature. La crise s'est développée parce que le patron était absent. Il n'y avait plus de père pour sécuriser l'oligarchie, dès lors la seule garantie était les tanks.

La façon dont le coup d'État a eu lieu, dont la dictature s'est installée a été ressentie par tous, non seulement les communistes, non seulement les centristes mais aussi les politiciens de droite, même pro-américains, comme une injure. Tout le monde a été sensible à la honte qu'elle représentait. Et c'est dans ce mouvement général de réprobation que Caramanlis est intervenu, sans attendre. Ce fut très utile. En effet dans les premiers temps, on pouvait croire que la Junte n'était autre qu'un prolongement de la droite, mais quand Caramanlis a pris position contre elle, les choses sont devenues claires. Les colonels étaient condamnés à un isolement total, même de la part des piliers de la droite. C'est le premier service qu'a rendu Caramanlis. Évidemment il a pourchassé de façon impitoyable les communistes quand il était Premier ministre, mais ce n'était pas pour laisser la place à Papadopoulos!

Il faut ajouter à cela l'évolution qu'a suivie le personnage. Il est de formation bourgeoise, anticommuniste, mais il a vécu longtemps en France et en a été très influencé. En France, comme dans les autres pays européens, il y a une tradition et des mœurs démocratiques, un dialogue permanent et ouvert, très profondément ancrés dans les esprits. Les Français ont souvent tendance à minimiser cet aspect des choses, mais il suffit d'aller dans un autre pays du monde pour constater la différence. Cette tradition républicaine et démocratique, très forte en France, se prolonge en un véritable réflexe dans les mœurs politiques. Caramanlis en a été profondément marqué. C'est donc dans cet environnement qu'il fait son autocritique, qu'il s'aperçoit qu'il avait essentiellement servi, jusque-là, les intérêts américains qui le manipulaient. Il comprend que la Grèce n'a d'autres voies que celle de l'indépendance nationale et de la liberté démocratique. Il découvre que s'imposent la séparation des pouvoirs et la liquidation de ce cancer qu'est l'armée factieuse, cette armée dont les objectifs ne sont plus désormais la lutte contre le communisme (lequel n'est plus un danger).

Nous arrivons à juillet 1974. La Grèce est plongée dans le chaos. Caramanlis est là, prêt, fort de son expérience et de sa réputation. Les Américains sont pressés. Il faut agir au plus vite. Chypre est devenue une affaire internationale, et plus personne ne doute de la responsabilité des Américains. Ils sont coincés et contraints d'accepter l'idée qu'avec les colonels, on pouvait aller encore beaucoup plus loin dans le pire, dans la tragédie, c'est-à-dire jusqu'à la guerre avec la Turquie. Mais, d'une part la Turquie est membre de l'O.T.A.N. comme la Grèce, et alors, quelle position auraient-ils pu prendre? D'autre part, la guerre, si elle avait eu lieu, se serait déroulée en Thrace. Le risque était grand de voir les Bulgares, puis les Roumains, les Yougoslaves et les Albanais intervenir. Je crois même que les Soviétiques avaient demandé à la Roumanie l'autorisation de faire passer des troupes au travers de leur territoire. Cette zone des Balkans a toujours été ultra-sensible, et ce n'est pas impunément qu'on la secoue. Les Américains n'avaient pas le choix.

Vous avez vous-même beaucoup appuyé le retour de Caramanlis. Vous avez été jusqu'à appeler à voter pour lui, lors des élections qu'il organisera quelques mois plus tard. Comment l'expliquez-vous?

Pour moi, il y avait deux solutions. La première était l'unification de toutes les forces progressistes, de la gauche au centre gauche, avec un programme commun. Un grand front qui, fort de l'appui des masses, se serait formé pour la lutte armée mais aussi pour la lutte politique. Dans ces conditions il y aurait eu l'alternative d'un pouvoir populaire à moyenne échéance. Si nous avions été entendus quand nous avons proposé la création d'un Conseil national de la résistance, ou l'organisation de structures communes d'action, les masses auraient joué, à ce moment-là, un rôle important. Je considère que la résistance, en tant que force organisée, n'a pas joué du tout son rôle, malgré les grands sacrifices qu'elle a consentis, et la responsabilité en incombe à tous les chefs des mouvements progressistes qui, pour des raisons personnelles ou par calcul, l'ont divisée.

La seconde solution, la première ayant échoué avant même d'exister, était de jouer, de miser sur les contradictions internes de la bourgeoisie. J'ai été un des premiers à militer pour l'unité des forces populaires. Quand j'ai compris qu'une telle formation était impossible à cause de problèmes subjectifs, d'ambition, de dogmatisme, etc., quand j'ai compris que nous ne pourrions jamais nous libérer par nous-mêmes, je suis devenu réaliste. Caramanlis était l'occasion qui s'offrait à notre peuple d'ébranler la pierre tombale qu'était la dictature. Il était le seul homme qui, devant la faillite de la gauche, pouvait regrouper autour de lui, à un niveau panhellénique, toutes les tendances et tous les mouvements antidictatoriaux sans exception. En plus, il présentait l'inestimable avantage d'avoir les moyens de prendre pied à l'intérieur même du mécanisme d'État mis en œuvre par les colonels et rétablir rapidement la démocratie en Grèce.

Il y a deux façons de liquider le pouvoir : ou bien on fait autour de lui un rassemblement populaire, on l'encercle et on le liquide; ou bien on cherche en son sein des personnes meilleures, plus acceptables pour isoler les irrécupérables, convaincre et entraîner les autres vers un monde plus juste. J'ai rencontré Caramanlis à Paris. C'est là que je l'ai connu et nous avons eu de très longues discussions ensemble. J'ai compris l'homme. Je suis persuadé qu'il est prêt à participer à une expérience de transformation de la société grecque aussi radicale que l'est le socialisme. Au fond, Caramanlis est devenu anti-américain, ce qui ne signifie pas qu'il soit prosoviétique ni procommuniste, mais il m'a personnellement dit que la seule chose qui le séparait de l'Union soviétique pour l'expérience socialiste était la question des libertés. Il reconnaît que dans le domaine social, les pays socialistes ont fait de très grandes choses, mais il n'accepte pas que ces réformes se fassent sans liberté. Caramanlis n'est pas seul à penser ainsi. En cela il rejoint Willy Brandt, François Mitterrand et d'autres qu'on ne peut pourtant pas qualifier d'hommes de droite! Toutefois il ne faut pas se leurrer. Le modèle socialiste de Caramanlis est le système qui existe en Angleterre, en Allemagne, en Scandinavie, en fait, la social-démocratie. Mais, néanmoins, je suis convaincu que Caramanlis est prêt à faire une révision radicale des relations entre les classes au sein de la société grecque, y compris de la répartition du revenu national. Il n'est plus l'homme qui vient de la bourgeoisie, même s'il y a des amis et des relations. Son ambition ne peut plus qu'être de restaurer la démocratie et de donner le bonheur au peuple. Du point de vue personnel et psychologique, je suis convaincu que Caramanlis est dans la bonne direction et qu'il fera de son mieux pour conduire le pays à la démocratie et à l'indépendance nationale, indépendance nationale forcément réduite parce que je crois qu'aujourd'hui il n'est pas un pays qui soit totalement indépendant, mais la plus large possible dans le cadre du contexte historique.

Caramanlis vous apparaissait donc comme le seul recours véritable d'une Grèce démocratique. Mais n'est-ce pas pousser un peu loin le « réalisme » que d'appeler à voter pour un homme qui a longtemps incarné la droite?

Notre problème immédiat, en Grèce, était et est encore, d'isoler les éléments fascistes et les traîtres subsistant à l'intérieur du système. Nous n'avons pas fait de révolution. Le retour à la démocratie ne pouvait donc s'opérer, dans un premier temps, qu'en s'appuyant sur certaines des forces qui l'avaient laissée enterrer, sept ans plus tôt. Quelles étaient les forces en présence, lors des élections d'octobre 74? D'un côté, il y a une force réelle, l'armée, dont on ne sait pas si les officiers supérieurs et les généraux légalistes sont majorité ou minorité. On ne connaît pas encore l'étendue ni le pouvoir réel des mécanismes mis en place par la Junte, ni ceux contrôlés directement par les Américains. On ne sait qu'une chose, c'est que, jusqu'alors, les « colonels » avaient le contrôle total de l'armée et que, pendant sept ans, la Junte a produit de nouveaux officiers en leur forgeant une mentalité purement fasciste. On sait encore que, pendant vingt ans, les Américains ont mis en place des structures, non seulement au sein de l'armée, mais aussi de la police, de l'administration et de tous les rouages du pouvoir. On sait, enfin, que l'intérêt des grands monopoles et de l'oligarchie était avec les dictateurs. Ça, on le sait et on le voit. De l'autre côté, qu'y a-t-il ? Une dispersion totale des forces démocratiques : une gauche plus divisée que jamais et un centre secoué par les querelles entre les papandréistes et les traditionalistes tels que Mavros. La seule force crédible et hostile à la Junte est représentée par Caramanlis qui a derrière lui une large fraction de l'opinion publique parmi laquelle des cadres de droite ainsi que, de façon certaine, les officiers loyalistes et les fonctionnaires écœurés par sept ans de fascisme. D'un côté, il y avait l'armée et les tanks que nous avions subis pendant sept ans. De l'autre, une garantie, Caramanlis. C'est simple réalisme.

La situation était comparable à celle de la France quand, en 1958, tout était sens dessus dessous : de Gaulle incarnait la droite, un régime dur, mais il était le seul à pouvoir garantir au peuple français ses libertés fondamentales. Il faut, en outre, noter que c'est sous ce régime que les progressistes, les socialistes, les communistes et syndicats ont pu s'organiser au point de mettre à mal le régime dix ans après. Enfin il y a un an, les forces de gauche françaises remportaient pratiquement cinquante pour cent des suffrages.

Il y a beaucoup de points communs entre la France d'alors et la Grèce d'aujourd'hui. Quant à ceux qui me disent que le Caramanlis de demain sera le même que celui d'hier, celui que beaucoup d'entre nous ont combattu, je réponds : il est connu que l'histoire ne revient jamais en arrière. Ceux qui soutiennent que la solution Caramanlis nous ramènera au même cycle, Caramanlis-lutte acharnée-dictature, doivent être très naïfs ou très rusés.

Vous rapprochez fréquemment Caramanlis de De Gaulle. Croyez-vous que la comparaison soit possible?

Oui. Il y a entre eux beaucoup de points communs. Non pas au niveau des personnes, mais au niveau des situations. Caramanlis a été très influencé par de Gaulle, surtout parce qu'il s'est trouvé face à des problèmes similaires. En France, en 1958, le facteur primordial était la fin de l'empire colonial et surtout la guerre d'Algérie. Le danger principal venait de l'armée, une armée bien structurée qui avait pris conscience de sa force et qui revendiquait le pouvoir dans un pays dont la situation intérieure était pour le moins troublée. De Gaulle était une personnalité parfois ambiguë, mais il était le seul à pouvoir s'imposer, en même temps qu'il imposait la paix en Algérie à l'armée et à une fraction de la population, ainsi d'ailleurs que beaucoup d'autres choses. Il avait le poids nécessaire.

La foi et la vie d'une nation se trouvent parfois entre les mains d'une personnalité nécessaire. Ce fut le cas de De Gaulle, comme ce fut le cas de Mgr Makarios, de Castro, d'Adenauer, de Gasperi et de Mao. Évidemment, en Grèce, si les forces populaires s'étaient organisées, nous n'aurions jamais eu besoin des Caramanlis ni des autres. Les grandes personnalités surgissent sur les erreurs et les défaillances des politiciens et surtout, peut-être, des politiciens progressistes.

Le départ de Caramanlis en 1963 et son retour en 1974 ressemblent étrangement au départ de De Gaulle en 1947 et son retour en 1958, dans un contexte de crise nationale.

Oui, bien sûr. Ce sont des situations presque classiques : un chef de file de droite partant en exil, intérieur ou extérieur, outragé, la décomposition d'un régime et le retour de l'homme providentiel. C'est un jeu ambigu. Si à ce moment-là, les masses populaires étaient organisées, soudées et fortes, ces retours aux affaires ne seraient pas nécessaires. Comme de Gaulle, Caramanlis a joué pour tout perdre ou tout gagner. Il a tout gagné.

Une des premières mesures du gouvernement provisoire constitué par Caramanlis a été d'organiser des élections. C'était la première fois que les Grecs votaient depuis dix ans. Que représentaient-elles?

Un des objectifs de la résistance était que les Grecs puissent revenir aux urnes, c'est-à-dire puissent assumer leur droit le plus élémentaire. En outre, des élections avaient, pour nous, une valeur symbolique puisque le coup d'État avait eu lieu un mois avant les législatives de 1967.

La finalité des élections organisées par Caramanlis était de former un gouvernement fort, au-dessus de la mêlée, qui puisse entreprendre l'objectif numéro un, la restauration de la démocratie, ce qui n'apparaissait pas comme une chose aisée. Tout le monde, en Grèce, savait que le retournement de situation s'était opéré sous l'impulsion de plusieurs facteurs dont les éléments dominants étaient la tragédie de Chypre, l'invasion turque de l'île, l'échec de la mobilisation générale et la démoralisation des cadres de l'armée. Bref, l'échec probant d'une Junte découragée. Cependant la force réelle, c'est-à-dire la force de frappe, de feu, est toujours entre les mains de l'armée, c'est-à-dire de la Junte, ou du moins de ce qu'il en reste. Seule la force des choses, la force psychologique était aux mains du peuple, un peuple qui commençait à savourer les douceurs de la démocratie mais qui n'était pas du tout organisé, qui était même totalement divisé du fait des antagonismes qui opposaient les leaders des formations politiques et des organisations de la résistance. Le jour même où je suis rentré en Grèce, le lendemain du retour de Caramanlis, j'ai été convoqué d'urgence au domicile de Filias, un des chefs de la Défense démocratique. Là, j'y ai retrouvé tous les représentants des forces démocratiques, de la Défense démocratique, bien sûr, du parti communiste « orthodoxe » et du parti communiste « intérieur », du Mouvement de résistance panhellénique, des socialistes des Forces nouvelles qui maintenant collaborent avec le centre, un représentant d'Andréas Papandréou et puis des indépendants, comme le général Minis, proches des centristes ou comme moi, Glezos et Lentakis. Nous étions une trentaine qui sortions de prison, de clandestinité ou rentrions d'exil. Ensemble, nous avons décidé de lancer un appel au peuple grec. En face de nous, Caramanlis commençait à former un gouvernement conservateur et nous savions qu'il s'appuierait sur les forces traditionnelles tandis que nous représentions le changement et le progrès. Nous nous sommes mis au travail.

Tout marchait bien. Le lendemain, le représentant d'Andréas Papandréou sabotait l'entreprise. C'est ainsi, je crois, que la dernière occasion de nous unir a été étranglée.

Notre intention était de proposer au peuple une alternative révolutionnaire et socialiste. Ce fut un échec. Le peuple allait être obligé de revenir sur les chemins du passé, des clivages classiques, droite, centre et gauche.

Andréas Papandréou pensait, à ce moment-là, que le retour de Caramanlis avait été imposé par l'O.T.A.N. Il ne comprenait pas qu'il ne s'agissait que d'un compromis auquel les Américains avaient dû se résoudre, presque à leur corps défendant. Pour lui, il fallait intensifier la lutte pour aller éventuellement jusqu'à un conflit armé. Il était encore dans la résistance, mais contre Caramanlis, cette fois. Enfin, il affirmait qu'il refuserait de rentrer en Grèce tant que le général Ghizikis resterait président de la République. Là encore, il ne comprenait pas que Ghizikis, nommé plusieurs mois auparavant par Ioannidès, était devenu quelqu'un d'autre, que désormais il exprimait la volonté politique des légalistes, qu'il était une pièce nécessaire pour sortir le pays de l'abîme où la Junte l'avait jeté. Mais Andréas Papandréou ne croyait pas en Caramanlis. Il estimait que celui-ci ne ferait que prolonger la dictature, qu'il n'était qu'un autre visage du même fascisme.

Cette position s'éclaire vraiment quand on sait qu'Andréas Papandréou est fasciné par le pouvoir et que son rêve est de l'exercer seul. Dans un front allant des centristes aux communistes, il aurait joué un des premiers rôles, certes, mais un rôle égal à celui des autres leaders, un rôle qu'il aurait dû partager, pour les responsabilités comme pour les honneurs. Il voulait tous les pouvoirs pour lui et de la sorte, entrer dans la lignée des grands personnages, dans l'éternité. Il a grillé tous ses amis, les uns après les autres. Maintenant, on va voir ce qui va se passer dans le P.A.S.O.K., le parti qu'il a créé au centre du mouvement social-démocrate. Je suis persuadé qu'il ne pourra jamais s'accommoder d'une direction collégiale. Il serait beaucoup plus honnête de sa part de fonder un parti qui, carrément, s'appellerait « Andréas Papandréou » dans lequel il aurait toutes les responsabilités.

Pendant la campagne électorale, Andréas Papandréou que vous classez au centre des forces social-démocrates, a rallié autour de lui une grande fraction de la jeunesse ainsi qu'un certain nombre de gauchistes. Comment cela a-t-il été possible?

Je pense qu'il est courant, dans l'histoire, de constater que les petits-bourgeois aiment jouer à la révolution. Dans les périodes de crise aiguë du mouvement ouvrier, les petits-bourgeois, bien que solidement ancrés dans leur réalité propre, dépassent par leurs slogans, leur violence et leur révolutionnarisme, les partis de gauche, les partis ouvriers, les communistes. C'est classique. Avec le P.A.S.O.K., ça devient scandaleux. Andréas Papandréou était, grâce à son père, l'héritier du grand mouvement populaire centriste. Il a usé et abusé de ce pouvoir d'héritier au trône. Quand il s'est présenté aux élections, il a créé un nouveau parti qui s'adressait à la jeunesse avec des mots d'ordre dont la seule finalité était la surenchère et le sensationnel! Mais, finalement, les députés[2] qui sont autour de lui ne sont que des conservateurs et des anticommunistes. Ils ne sont pas des hommes de progrès. C'est une contradiction que l'on constate, hélas, tout au long de l'histoire.

Quand les tanks sont intervenus, en 1967, il y a eu des centristes et des hommes de droite en prison. Mais quatre-vingt-quinze pour cent des détenus étaient des communistes. Les communistes n'ont plus envie de jouer avec la démocratie. Ils savent qu'à chaque fois, ce sont eux qui paient la note. Avec Caramanlis, ils ont, au moins, une certitude, celle que demain, ils ne retourneront pas encore une fois en prison ou en camp de déportation. C'est sûrement pour cela que les centristes sont contre Caramanlis, eux qui n'ont pas tellement souffert. On a vu des « révolutionnaires » d'aujourd'hui, centristes hier qui, pendant la dictature voyageaient à l'étranger avec des passeports en bonne et due forme, qui n'ont rien subi. Nous, par contre, nous étions presque tous anéantis. Non seulement nous étions en prison, mais nos familles aussi étaient touchées : sans père, sans frère, sans argent. Les communistes ont connu le poids de la répression pendant plus de quarante ans. Ils ont voté pour la certitude que demain la police ou la sécurité militaire ne les traîneraient pas, une fois de plus, de salles d'interrogatoire en salles de torture, de prison en camp de déportation. Tout cela, Caramanlis le sait. Il sait que son électorat s'est constitué sur un engagement concret. Je ne parle pas de ses élec-

---

2. Le P.A.S.O.K. d'Andréas Papandréou a remporté 13,58 % des voix et 12 sièges sur 300; la Démocratie nouvelle de C. Caramanlis 54,37 % des voix et 220 sièges; la gauche entière, 9,45 % des voix et 8 sièges.

teurs de droite qui eux aussi aspirent à la démocratie, je parle de tous les progressistes qui l'ont suivi. Tous ceux-là lui ont donné une obligation morale, celle de restaurer la démocratie, les libertés et l'indépendance nationale. Caramanlis est marqué au fer rouge par cet impératif. C'est une analyse réaliste. Le reste ne l'est pas. Nous savons, maintenant, qu'il y a au sein du pouvoir actuel une compétition entre ceux qui voudraient perpétuer la dictature et ceux qui pensent qu'une démocratie forte est possible. L'Italie ou la France ne sont pas des démocraties populaires mais des démocraties de grande bourgeoisie au sein desquelles, pourtant, le peuple peut respirer, s'organiser et vivre. Ce n'est pas encore le cas en Grèce. Notre objectif immédiat est d'avoir une démocratie à la française ou à l'italienne. Ce serait déjà beaucoup pour nous. Ensuite nous pourrons passer à l'étape suivante, celle du socialisme.

Pendant la campagne, vous vous êtes allié aux communistes?

C'est exact, mais c'est au titre d'indépendant que j'ai ratifié les accords qui nous liaient. Je voulais représenter, entre les deux tendances, tous ceux qui souhaitaient une action unitaire.

Nous avons fait, à ce moment-là, un excellent travail : dix jours de conversations concrètes, de travail constructif, nous ont amenés à un programme commun de la gauche unifiée. Pendant cette même période nous avons dû faire face également à un certain nombre d'événements comme, par exemple, la nouvelle tentative d'occupation de l'École polytechnique par des groupes gauchistes. Nous avons, alors, constaté qu'en dépit de nos diverses tendances, nous n'avions aucune divergence fondamentale vis-à-vis des événements quotidiens.

Mais les intérêts à court terme ont vite repris le dessus et ce fut à qui aurait le plus de voix et de sièges à l'Assemblée. Dès lors, les deux appareils se sont lancés dans une lutte fratricide ouverte. Tout ce que nous avions construit fut liquidé en quelques jours. Et la gauche n'a obtenu que huit sièges!

Lors de votre échec à ces élections, la presse française[3] *a dit que la cause principale en était l'attitude des partis communistes qui n'avaient pas joué le jeu.*

Florakis, l'actuel secrétaire général du P.C. de l'extérieur, m'a expliqué que mon échec tenait au fait que je n'avais pas effectivement son aide au Parti. C'est possible, mais je ne voulais l'aide de personne. Je suis convaincu que j'aurais pu être élu très facilement s'il n'y avait pas eu une orchestration contre moi, si les deux appareils ne m'avaient pas aussi violemment attaqué dans l'ombre. Dans la deuxième circonscription du Pirée où je me présentais, ils étaient présents l'un et l'autre et c'était devenu une véritable question d'honneur : il fallait que je ne leur prenne qu'un minimum de voix. Ils se frappaient mutuellement et en même temps me neutralisaient. Encore une fois, ils voyaient l'arbre, ils ne voyaient pas la forêt. Ils redoutaient une défaite dans une circonscription mais ne voyaient pas l'avenir du pays.

---

3. *Le Monde* du 26 novembre 1974.

Le socialisme, en Grèce, n'est pas pour demain. Il y a d'autres problèmes auxquels se confronter d'abord. Et avant toute chose, il faut préparer les masses, leur expliquer qu'une autre société peut exister où il fera bon vivre. Quelles seront les relations qui existeront, alors, entre les hommes, entre l'État et le citoyen? Voilà les questions que se posent les gens. Qu'est-ce que je vais perdre? qu'est-ce que je vais gagner? qu'est-ce que je vais donner? qu'est-ce que je vais prendre? Et ce n'est pas avec des slogans abstraits qu'il faudra répondre. Tu es coiffeur, aujourd'hui, tu as telles et telles obligations, tel niveau de vie, telles relations avec les autres... Demain, toi le même coiffeur, dans la société que nous voulons bâtir dans ta ville, dans ton quartier, ta vie pourrait être celle-ci ou celle-là, telle que tu la souhaites, telle que tu la construiras. Mais avant même de donner des réponses, il faut aussi te mettre à l'écoute des gens. Il faut que ce coiffeur s'exprime, qu'il puisse dire : « Voilà, mon métier me pose tel et tel problème. Je ne suis pas content pour telle ou telle raison. J'aimerais que... » Et la même démarche doit être adoptée pour tout le monde, des paysans aux poètes. C'est le travail que doit faire le Parti. Et je suis convaincu, pour ma part, qu'à ce moment, on découvrira que nous sommes d'accord, que les divergences ne sont que factices. Personne ne remet en question, aujourd'hui, les grands principes fondamentaux du marxisme. Alors, mettons-nous au travail sérieusement, laissons de côté les mauvaises querelles. Il sera toujours temps d'étudier quels types de relations nous entretiendrons avec l'Union soviétique et les partis frères avec lesquels, d'ailleurs, nous n'avons aucune divergence. Je ne puis accepter que nous ayons eu des millions de morts pour rien, pour les oublier dans un débat byzantin. Aujourd'hui, la vie a condamné le fanatisme et la haine. Sur trois cents députés, la gauche n'en a que huit, et encore, ils sont divisés en trois fractions. Nous sommes devenus la risée de la bourgeoisie. Des camarades qui ont lutté ensemble pendant quarante ans et se présentent divisés à l'Assemblée nationale? Ce n'est pas possible.

Il reste quand même que, divisions ou pas, huit députés en tout et pour tout, ce n'est pas beaucoup.

D'abord, il faut bien savoir qu'avec un système électoral plus juste, nous aurions dû avoir une trentaine d'élus, de la même façon que Papandréou aurait dû en avoir une quarantaine ou une cinquantaine. Ensuite, et je l'ai déjà expliqué, bon nombre des voix de gauche se sont portées sur Caramanlis. Chaque personne un tant soit peu logique comprenait que ce n'est pas en arrêtant quelques dizaines d'officiers factieux qu'on détruit des mécanismes fascistes et dictatoriaux qui se sont développés pendant sept ans. Et ce n'est pas ma fameuse phrase « Caramanlis ou les tanks » qui a suscité ce comportement. J'ai simplement été, en la prononçant, le porte-parole d'une angoisse qui existait dans le pays. Ce que je fais avec ma musique, je le fais avec ma politique : j'exprime un sentiment existant. Le peuple savait qu'il était désarmé, d'autant plus qu'il était inorganisé. Sa seule force était son courage, mais c'est bien insuffisant. Devant les tanks, il faut être organisé. En France, en Italie, le peuple a des syndicats et l'arme de la grève générale est très puissante. Or on a bien vu, en Grèce, qu'au lendemain du coup d'État, tout le monde était au travail. Nous n'avions pas de syndicat, nous n'avions pas de parti puissant. Il fallait donc, avant toute chose, miser sur des certitudes, sur l'honnêteté d'un homme sincèrement démocrate. Ça, le peuple l'a compris. Maintenant, à nous de nous organiser de façon telle que nous devenions un rempart sûr contre le fascisme. Alors, le peuple votera pour nous.

Ce que certains ne comprennent pas, c'est qu'on ne peut pas faire tout, tout de suite. Personnellement, j'aurais pu faire comme certains et jouer la carte de l'opportunisme. Mais je ne mets rien au-dessus de la démocratie grecque, pas même mon intérêt individuel. Lorsque je suis rentré en Grèce, je l'ai fait sans aucune préparation, contrairement à Andréas Papandréou qui a préparé son retour pendant vingt jours. Moi, j'ai simplement téléphoné à mon père pour qu'il n'ait pas de crise cardiaque. Je lui ai dit : « Père, j'arrive demain. » C'est lui qui a téléphoné à un journaliste, lequel a répandu la nouvelle. Le lendemain, il y avait dix mille personnes qui m'attendaient à l'aéroport. C'était encore une approbation de la jeunesse et du peuple. J'aurais pu tenir des propos extrémistes du style « La résistance continue ». Non. Je savais que ce n'était pas cela.

Lors de ces élections, Mélina Mercouri qui a, elle aussi, une grande popularité, a été battue. Pensez-vous que les raisons de vos échecs respectifs sont différentes ou bien qu'elles n'en font qu'une ?

Pour l'opinion internationale, le nom de Mélina et le mien étaient liés, parce que l'un et l'autre étions des artistes, que nous nous connaissions et que nous étions, tous deux, opposés aux colonels. Mais, je pense que la ressemblance s'arrête là.

Mélina a eu une activité très positive au sein de notre lutte. Mélina voulait être communiste, mais être communiste n'est pas une décision qu'on prend à la légère. C'est une question de choix existentiel et, finalement, elle a rejoint Andréas Papandréou, les rangs du P.A.S.O.K. La différence fondamentale, entre Mélina et moi, c'est que comme tous ceux de ma génération, je suis sorti de la réalité populaire. J'ai commencé ma vie et ma lutte dans les masses, dans les quartiers populaires, en connaissant des situations sociales et économiques très dures. Nous avons une autre mentalité. Mélina, au contraire, qui est une fille honnête et de bonne volonté, a toujours vécu dans un milieu aritocratique. Ce qui est extraordinaire, dans son cas, c'est qu'elle ait pu, à un moment donné, se dégager de son milieu pour se donner à la lutte populaire. C'est très important. Cependant elle porte un héritage très lourd, le fait qu'elle ait toujours été entourée de gens qui sont fondamentalement l'antithèse, la contradiction d'une société populaire et libre. Il y a, pour ces gens-là, une sorte de mythification, d'idéalisation du peuple. Mais, en Grèce, le peuple n'est pas un mythe, il est parfaitement concret; il existe avec toutes ses faiblesses et toutes ses forces, avec sa foi et sa réalité quotidienne. Il y a un monde entre le mythe et la réalité. Mélina, comme beaucoup d'autres, voudrait sauver le peuple. Moi, je ne veux pas sauver le peuple. Je suis le peuple et je veux me sauver moi-même. Nous avons, d'ailleurs, eu un certain nombre de divergences à ce sujet, lors de notre exil commun à Paris. Elle pensait que nous représentions la même chose. C'était une erreur. Elle ne voyait pas que j'étais et suis différent d'elle.

Toutefois, cela ne m'a pas empêché, lorsque j'étais président du Front patriotique, de reprocher à mes camarades de l'utiliser. Je pensais qu'il fallait la faire entrer à la direction du Front. C'est comme ça qu'on fait de vrais cadres politiques, de vrais révolutionnaires. Lui donner de véritables responsabilités aurait été pour elle une bonne école, l'unique occasion, peut-être, de se rééduquer. Mais je n'ai pas été entendu.

Pour les élections, Mélina souhaitait initialement se présenter sous la bannière de l'Union de la gauche, mais un certain nombre de divergences entre elle et la direction l'en ont empêchée et elle a choisi de rejoindre le parti d'Andréas Papandréou. Je ne sais pas très bien pourquoi, mais je sais que ce ne fut pas à son avantage, parce que cela n'a pas contribué à sa notoriété, du moins parmi les gens du peuple. Par contre si elle s'était présentée comme cadre de gauche, voire même avec l'étiquette communiste, elle aurait eu beaucoup plus de chances. En fait, je pense que toutes les voix qu'elle a ralliées sur son nom sont des voix personnelles à ce point que je crois, en étant sûr de ne pas me tromper, que son appartenance au P.A.S.O.K. ne lui a guère apporté de voix, mais qu'au contraire, elle, Mélina, a fait gagner des électeurs à ce parti. Et je regrette sincèrement qu'elle ait échoué parce qu'élue député, elle aurait fait un excellent travail, au-delà de toute ambition personnelle.

Parce qu'elle avait des ambitions personnelles?

Oui, elle avait des ambitions personnelles. La politique fait partie de sa famille. Son grand-père a été maire d'Athènes pendant près de quarante ans. Son père, avec qui j'étais très ami, était député et nous siégions ensemble dans les rangs de l'E.D.A. Il est mort en exil. Je pense, d'ailleurs, que c'est en grande partie pour cela qu'elle a ce fantasme de la gauche, en souvenir de son père qui a toujours été un élu de la gauche. Elle a, je crois, le démon de la politique dans les veines et je n'ai guère compris pourquoi elle n'avait pas été candidate à la mairie d'Athènes, parce que je suis convaincu que là elle aurait fait un travail formidable.

La rumeur a couru que Caramanlis vous avait personnellement proposé d'entrer dans son gouvernement?

En fait, un des ministres de Caramanlis est venu chez moi me demander si, en principe, j'accepterais un ministère. C'était avant les élections, le deuxième jour de gouvernement de Caramanlis. Il ne s'agissait pas de prendre, d'emblée, un portefeuille, mais c'était une question de principe, pour l'avenir. Ma réaction immédiate a été négative parce que j'avais décidé de ne pas participer au pouvoir en place et de rester dans le mouvement de masse. Mais avant que je lui aie fait part de mon opinion, l'émissaire de Caramanlis m'a proposé de différer ma réponse de trois ou quatre jours. Il m'a quand même expliqué que, dans l'esprit de Caramanlis, cette proposition se situait dans la perspective d'un nouveau gouvernement à venir deux ou trois mois plus tard, et qu'apparemment la police et l'armée n'y voyaient pas d'objection majeure.

Quand je lui ai demandé s'il s'agissait d'une responsabilité symbolique, il m'a répondu qu'il pourrait s'agir d'un portefeuille très important.

Cette entrevue avait eu lieu à une heure du matin. A trois heures, je voyais un des leaders du parti communiste « intérieur », pour lui parler de la proposition qui venait de m'être faite. Il m'a répondu que lui-même et ses amis n'avaient aucune objection de principe. Je lui ai dit : « Écoute, moi, je ne veux pas entrer dans ce gouvernement comme un homme seul. Je veux aussi être votre porte-parole, celui du parti communiste " intérieur ", mais je veux également avoir des contacts avec l'autre parti, le parti communiste " orthodoxe ". Je veux être le porte-parole de tous les communistes. Je ne crois pas que mon rôle soit d'être seulement une personnalité. Si le mouvement de la résistance, si les communistes estiment que je dois être là-bas, alors je ferai ce sacrifice. » Pour moi, c'était un sacrifice.

Sur le plan stratégique, devenir ministre de Caramanlis constituait un atout psychologique fantastique. Nous, les communistes, avions été longtemps les bêtes noires; qu'un de nous et notamment moi qui ai la réputation d'être un communiste dur, devienne ministre, c'était porter un coup fatal à l'anticommunisme. Un autre avantage était que, quel que soit le ministère qui me serait confié, je me serais entouré de mes amis communistes. J'entrais dans le pouvoir, non pour pactiser, mais pour mener notre propre politique de changement.

Dès le lendemain, j'ai commencé des pourparlers avec mes amis. Les avis étaient très partagés. Certains étaient pour, d'autres contre. Après quatre jours de réflexion, j'ai pris ma décision : j'acceptais le principe. Le ministre qui m'avait contacté m'en a félicité. Il était content. Je devais apprendre par la suite que la même proposition avait été faite à Ilias Illiou, mais un autre ministre, très important, devait aussi me dire que l'armée, en fait, voyait tous ces contacts d'un très mauvais œil et que le gouvernement de Caramanlis ne pouvait se permettre si tôt une guerre ouverte contre elle. Il était donc convenu d'attendre que la situation se normalise. Ce qui est sûr, c'est que si j'appartenais à un parti, j'essaierais de convaincre mes camarades de composer avec Caramanlis. Ce serait, là, une occasion unique d'arriver au pouvoir, non pour pactiser mais pour agir. Aujourd'hui, les politiciens de gauche luttent avec la propagande et les slogans, mais la droite, qui est au gouvernement, lutte avec des moyens beaucoup plus sûrs, parce qu'elle a, en main, les leviers de commande. Si, plutôt que de stagner dans l'opposition et de soi-disant garder son honneur, sa fierté et sa « pureté révolutionnaire », on peut, d'une façon ou d'une autre, servir la cause, former soi-même des structures de gouvernement et influencer, ainsi, la politique, que vouloir de plus, dans l'immédiat ? Et puis, rien ne nous empêcherait, en cas de désaccord, de partir en condamnant le gouvernement.

V

LES FRUITS
DE LA GUERRE CIVILE

O tendre mère tu avais deux fils, deux arbres, deux fleuves,
deux forts vénitiens, deux brins de menthe, deux grandes joies.
L'un est du parti de l'Orient, l'autre de celui de l'Occident.
Et toi seule, au milieu, tu parles et interroges le soleil :
Soleil, toi qui vois les montagnes et qui vois les fleuves,
toi qui regardes nos souffrances et les mères infortunées,
si tu aperçois Pavlos et Andréas, crie, appelle-moi!
Dans le chagrin, je leur ai donné vie, d'un sanglot je les ai
[enfantés!
Mais les voici tous les deux qui s'en vont par monts et par vaux,
les voici qui se cherchent pour s'entr'égorger,
et là sur la montagne la plus haute, sur la plus haute cime,
l'un à côté de l'autre ils sont étendus avec le même rêve :
ils accourent tous les deux au chevet de leur mère mourante,
ensemble ils lui donnent la main et ils lui ferment les yeux.
En terre, profondément, ils plantent leurs couteaux.
Une source y jaillit où boire et se désaltérer.

La Chanson du frère mort,
Mikis Théodorakis, 1962.

Salonique, Serrai, Kavalla, Drama, Xanthi, Komothini, Alexandroupolis, tous les concerts donnés en Thrace et en Macédoine auront eu lieu normalement, même si, à Salonique, ce fut sous le chantage permanent d'un attentat à la bombe, si à Serrai la troupe fut consignée, si à Kavalla un commando d'extrême droite se fut introduit, en pleine nuit, dans l'hôtel où logeaient Mikis Théodorakis et ses musiciens, si dans toutes les autres villes, l'étroite surveillance de la police militaire fut peu discrète.

La tournée, après l'arrêt symbolique à Salonique, est repartie vers le nord-ouest, cette fois-ci, poussant vers des régions où ne mène aucune autoroute, où la société industrielle n'a pris pied que là où précisément il y a quelque chose à prendre où les touristes ne viennent guère musarder. Au-delà de l'Olympe.

Après Katerini, Véria, Naoussa, Kozani, ce soir, Kastoria au bord de son lac pourtant si tranquille. C'est dans ces régions que s'était installé, en décembre 1947, le gouvernement des montagnes, celui des communistes pendant la guerre civile. C'est là, aussi, sur les pentes des monts Grammos et Vitsi, dans cette pointe extrême du territoire grec où se rejoignent les frontières de l'Albanie, de la Yougoslavie et de la Grèce qu'en août 1949 ont eu lieu les derniers combats, ceux au cours desquels les communistes ont été définitivement écrasés. Bilan de ces deux années terribles : entre 40 000 et 158 000 morts (selon les estimations); entre 80 000 et 100 000 réfugiés dans les pays de l'Est, fuyant la terreur blanche qui suivit. Cette guerre civile, Mikis Théodorakis l'a surtout faite en prison, arrêté à Athènes avant d'avoir pu rejoindre le maquis communiste.

Vous avez été membre du parti communiste. Vous ne l'êtes plus. Pourquoi?

Le parti communiste grec traverse, actuellement, une crise grave. Alors qu'aujourd'hui les représentants des masses grecques devraient être unis, étroitement soudés, le mouvement communiste est divisé en deux partis concurrents.

Je ne renie pas mes convictions communistes ni n'abandonne l'analyse marxiste mais je considère que je n'ai rien à faire dans l'un ou l'autre appareil tant que l'essentiel de leurs activités consistera à savoir lequel d'entre eux est « communiste ».

La crise couvait depuis la guerre civile, même si elle n'a éclaté qu'en 1968. Jusqu'à ce moment-là, le parti communiste d'Union soviétique avait pour interlocuteur un parti communiste grec soumis et dépendant qui ne discutait pas, du moins les grandes décisions. Quand, il y a quelques années, certains communistes, dont j'étais, ont pensé que la situation avait quelque chose d'anormal et nous avons eu la prétention de vouloir être, nous-mêmes, responsables de ce qui se passait dans notre pays sans être obligés, à chaque fois, de nous mettre préalablement d'accord avec le grand parti frère.

Il faut dire qu'en 1949, après la défaite de l'armée démocratique, le parti communiste a été frappé d'interdiction et ses militants pourchassés. Les membres du Comité central ont donc quitté la Grèce pour aller s'installer dans les pays de l'Est, ne conservant, à l'intérieur du pays, que des émissaires. Ainsi, le Parti s'est-il trouvé mené par une direction qui siégeait à l'étranger tandis que les militants, restés sur place, adhéraient à l'E.D.A., la Gauche démocratique unifiée.

C'est pour tourner l'interdiction du parti communiste et pour regrouper les forces de gauche, que l'E.D.A. a été formée, en 1951, par des communistes et des socialistes, et cela en dépit du climat de terreur que faisait régner le pouvoir ainsi qu'un certain nombre d'organisations para-étatiques, parfois armées, qui avaient pour mission de frapper tous ceux qui ressemblaient un tant soit peu à des progressistes.

L'E.D.A. a donc joué un rôle très important dans l'histoire du mouvement progressiste grec se battant, parfois avec succès, pour les droits civiques, les droits démocratiques et les droits des travailleurs. C'était une dynamique extraordinaire qui s'attaquait aux salaires, aux horaires, aux conditions de travail mais aussi à la situation des jeunes, à l'enseignement, à la culture et bien entendu à l'énorme problème des libertés individuelles. L'occasion était donc rêvée, pour le parti communiste, de résoudre la contradiction que constituait l'existence d'une double

LES FRUITS DE LA GUERRE CIVILE 153

direction : une direction de droit à l'extérieur du pays qui avait la responsabilité vis-à-vis des partis frères mais qui était coupée de toute réalité grecque et une direction exécutive, à l'intérieur, qui n'avait aucune responsabilité formelle bien qu'étant au cœur du problème. Il aurait fallu, dans cette période d'effervescence, donner la responsabilité à ceux qui l'assumaient. Mais les uns, pour des raisons bureaucratiques, ne voulaient résolument pas déléguer leurs pouvoirs que les autres, d'ailleurs, ne tenaient pas tellement à prendre, par discipline. Au fond, cette combinaison arrangeait tout le monde : j'ai constaté, à plusieurs reprises, qu'à une critique faite à un groupe de l'intérieur on répondait : « Les responsables sont ceux de l'extérieur », et vice versa. Il faut, toutefois, reconnaître qu'à l'époque il n'y avait pas de divergences graves : la direction de l'intérieur n'était pas élue, elle était nommée par le Politburo. Il y avait donc une discipline de fer. Les contradictions et le déphasage, c'était la réalité quotidienne qui les faisait apparaître.

J'étais un des porte-parole du parti, mais je dois dire pour ma défense, si tant est que cela soit nécessaire, qu'on n'y voyait pas très clair. Nous vivions dans le mythe du grand parti communiste grec qui était un parti de grands combats et de grands sacrifices. Il eût été sacrilège de le critiquer. C'était le parti des héros, de Béloyanis et de quelques autres. Hélas, quand en 1967, la dictature est arrivée, on a constaté que le parti n'était pas prêt, qu'il s'était engourdi dans une sorte de torpeur. Le parti n'avait rien prévu. Ce fut une découverte terrible pour le peuple, parce que tout le monde était persuadé que les communistes étaient prêts à mettre en place, instantanément, une structure de combat susceptible de commencer la bataille contre le fascisme. Ce n'était pas le cas. Certes, ce sont les communistes qui ont commencé la lutte. C'est avec quelques amis que nous avons lancé les premiers appels à la résistance et entamé le combat. Mais, c'était sans aucun moyen. Nous avions, tout de même, sauvé l'honneur du parti mais notre action se situait davantage au niveau de l'acte de bravoure que de la mise en marche d'un mécanisme offensif comme cela aurait dû être le cas. Pourtant, nous avions tous les moyens de nous préparer efficacement. Nous étions des milliers à avoir participé à la guerre civile, à avoir fait l'expérience de la lutte clandestine. Certes, nous n'étions que quelques-uns à n'avoir pas été arrêtés, dès la nuit du 21 avril et ce n'est qu'en tout petit nombre que nous avons pu commencer la lutte. Mais déjà le Parti était secoué de divergences profondes qui devaient aboutir à la scission. Des camarades pensaient qu'il fallait en finir avec le dualisme, et ramener la direction en Grèce. Ils estimaient que les responsabilités et les décisions devaient revenir aux militants vivant et luttant à l'intérieur du pays. C'est, donc, sur un antagonisme intérieur/extérieur que le parti s'est divisé.

Il est tout de même étonnant que cette tendance « intérieure » n'ait pris corps qu'à partir de 1967. L'Union soviétique porte une part de responsabilité dans l'échec des partisans après 1944.

A l'époque, nous étions, tous et en tous points, parfaitement d'accord avec les décisions que pouvait prendre Staline. Il serait ridicule de prétendre le contraire même si, aujourd'hui, nous critiquons nos positions d'alors.

Nous estimions que se jouait une affaire qui dépassait largement les limites de la Grèce — ce qui est certain — et que l'Union soviétique avait les moyens de juger objectivement une situation qui, peut-être, nous échappait. Nous avons donc accepté, aveuglément, la politique soviétique même lorsqu'en 1944 il était évident que nous allions contre la logique. En 1944, nous les communistes, nous contrôlions la totalité du pays mais le parti, sous l'impulsion de Staline, a accepté de laisser la place aux Anglais. C'était quand même la rage au cœur que nous nous inclinions. Peut-être ainsi, pensions-nous, d'autres camarades, ailleurs, gagnaient-ils du temps? Plus tard, le Parti a décidé que nous devions déposer les armes. Nous nous sommes laissé désarmer sans protester. Aujourd'hui nous regrettons notre attitude d'alors en pensant que Staline était assurément bien mal informé de ce qui se passait véritablement en Grèce. Tito, lui-même, m'a dit : « Vous étiez, à cette époque, beaucoup plus forts que nous, en tant que mouvement populaire, d'une part, en tant qu'armée populaire, d'autre part. Quand vous avez accepté de vous laisser désarmer, vous aviez toutes les possibilités d'imposer un État populaire, en Grèce. »

Ensuite, lors de la guerre civile, bien que tous les détails ne nous soient pas connus, il est clair que nous avons été, une fois de plus, des pions sur l'échiquier international. Ce qui est sûr c'est que tout le monde nous a abandonnés dès lors que notre lutte a cessé de correspondre à la grande stratégie internationale. Des partis frères nous ont accusés d'avoir commis l'erreur irréparable de prendre l'initiative d'une guerre civile sans demander conseil. Ce n'est pas exact. Il semble qu'en fait

Staline ait utilisé notre mouvement pour tâter les réactions du bloc occidental, pour savoir jusqu'où iraient les Américains. Quand il a vu que les États-Unis étaient prêts à intervenir militairement, il a reculé. Nous avions été des cobayes.

Il n'en reste pas moins vrai que notre mouvement était dans la juste voie. Il ne nous a manqué que l'appui de nos camarades étrangers. Tant que nous l'avons eu, tant que nous avons reçu des armes, que les Bulgares, les Yougoslaves et les Albanais nous ont aidés, nous ont ouvert leurs frontières, nous étions très forts. Mais il y a eu les remous internes du bloc socialiste.

Quand Tito et Staline se sont opposés et que le Kominform a éclaté, les partisans grecs ou du moins la direction politique a nettement pris position pour Staline. Tito l'a très mal accepté. Il était notre meilleur allié. Ses frontières nous étaient grandes ouvertes moyennant quoi il s'exposait à la fureur des impérialistes. En fait, les partisans grecs dépendaient à quatre-vingts pour cent de Tito. Mais notre parti l'a attaqué. Les communistes grecs ont une structure mentale quelque peu byzantine, c'est-à-dire qu'ils ne voient pas toujours la réalité politique par-delà la doctrine. Les vietcongs, par exemple, se sont bien gardés de prendre position dans le conflit qui oppose Russes et Chinois. Ils avaient un ennemi, les Américains, et des amis dont ils attendaient une aide, qu'ils soient chinois ou russes.

Enfin, pour expliquer notre défaite en 1949, il faut ajouter les divergences tactiques qui nous ont été fatales. Le général Markos, chef de l'armée populaire et Premier ministre du gouvernement des montagnes, avait une

LES FRUITS DE LA GUERRE CIVILE 157

position protitiste. Ce n'était peut-être pas pour des raisons idéologiques, parce que lui aussi était stalinien, mais parce qu'il estimait que sans la Yougoslavie, le mouvement allait s'asphyxier. En outre, bien que militant discipliné il était convaincu que, durant les combats, l'initiative devait être du ressort des chefs militaires, tandis que Zachariadès, secrétaire général du Parti, penchait pour la primauté du bureau politique sur l'état-major militaire, même au plus fort des batailles. Ces divergences se sont cristallisées autour de la stratégie à adopter. Markos et nombre d'autres partisans étaient favorables à la guérilla, au harcèlement continu des positions ennemies suivi de replis immédiats. Cette tactique adoptée dès le début du conflit avait largement fait ses preuves. Mais Zachariadès préférait une guerre plus conventionnelle dans l'espoir d'occuper une ville importante où installer le gouvernement provisoire et être, de la sorte, reconnu par les pays amis. C'est comme cela qu'il a engagé les partisans dans une bataille frontale contre une armée nationale bien entraînée pour ce type de stratégie et parfaitement équipée par les Américains en aviation, armes lourdes, tanks, etc. Une des plus sanglantes batailles devait être Florina [1] où on a compté plus de cinq mille morts, hémorragie terrible pour le mouvement, le début de la fin. De défaites en défaites, le moral s'est dégradé en même temps que des coupes sombres étaient faites dans nos rangs. Enfin, ces divergences se sont également doublées de différends personnels qui ont parfois pris un caractère violent au

---

1. Florina, ville située à quelques kilomètres de la Yougoslavie où les partisans souhaitaient installer leur capitale.

point que certains chefs du parti et de l'armée populaire ont été éliminés, voire liquidés.

Comment peut-on expliquer que les partis communistes européens aient complètement sous-estimé et même ignoré la lutte des partisans grecs?

Je crois qu'au départ, ils n'étaient pas d'accord. Leur analyse était différente de la nôtre. Pour eux, une révolution n'était guère possible en Europe à moins de l'internationaliser, or, à ce moment-là, les Soviétiques, de toute évidence, n'étaient pas prêts à affronter les Américains. La situation avait radicalement changé avec la Seconde Guerre mondiale. Un mouvement de solidarité international du type de celui qui avait aidé les Espagnols n'était plus possible. Quand la guerre civile grecque a eu lieu, l'époque du romantisme était passée.

Je pense, quand même, que les partis communistes européens ne nous faisaient pas confiance. J'ai constaté, à plusieurs reprises que tout en étant très gentils avec nous, ils avaient tendance à nous sous-estimer. Nous avions subi un certain nombre de défaites qui ont, sûrement, retenu leur attention. Par contre, ils n'ont pas vu nos grandes victoires, celles obtenues par le travail profond, idéologique et politique que nous avions fait dans les masses. Pendant la guerre, le parti communiste avait complètement transformé le pays. La situation est un peu la même, aujourd'hui : nos camarades ne voient que les sept années de dictature et non l'énorme travail que nous avons fait. Il y a quinze ans, lorsqu'un camarade allait dans une petite ville de province, il avait toutes les chances de se faire lapider par la foule. Un grand

LES FRUITS DE LA GUERRE CIVILE 159

nombre de Grecs, ceux-là mêmes qui leur avaient donné asile pendant la résistance puis pendant la guerre civile, en étaient arrivés à croire que les communistes étaient des assassins. Cela, à cause d'une propagande et une intoxication radicalement menées par l'armée. Mais le parti communiste, par un travail de fond, a réussi à rétablir la vérité, a su recréer un mouvement de masse, comme il l'avait fait en 1943-1944. Il ne faut tout de même pas oublier que l'armée populaire, pendant la guerre civile, ne comptait pas moins de cent mille hommes en armes, dans un pays d'à peine huit millions d'habitants. Si on fait le calcul, cela signifierait, pour la France, une masse de près de cinq cent mille hommes armés. Mais les partisans grecs n'étaient pas seulement armés. Ils étaient entraînés et soutenus par toute cette organisation fantastique que sont le ravitaillement, le système sanitaire, etc. Tout cela était l'œuvre du parti communiste. Beaucoup de gens hésitent à croire en la force de notre mouvement populaire mais tout d'un coup, lors des manifestations de 1965, ou encore pour l'enterrement de Georges Papandréou, en plein régime des colonels, un million de gens descendent dans la rue, simplement à Athènes!

La guerre civile a-t-elle, encore aujourd'hui, des répercussions sur la vie politique grecque?

Je crois que la dernière conséquence vivante de la guerre civile, ce sont les cinquante ou soixante mille réfugiés politiques qui vivent encore dans les pays socialistes et au sujet du retour desquels le pouvoir est toujours réticent.

Indirectement, néanmoins, la guerre civile a profondément marqué notre vie nationale. Par exemple, l'armée a été entièrement formée avec un point de référence qui est la guerre civile. La mentalité des officiers, leur anticommunisme viscéral, leur fanatisme qui peut aller jusqu'au fascisme — on l'a vu récemment — sont autant de conséquences de cette période qui a doublement traumatisé la population : parce que la droite est encore fascinée par le « danger rouge » et parce que la gauche est obsédée par la répression. Parfois, les jeunes nous font le reproche de n'être pas assez virulents. Il faut comprendre que notre génération a fait la guerre mondiale, a organisé la résistance contre les Allemands, a vécu la guerre civile et si nous avons remporté de grandes victoires, nous avons aussi subi de grandes défaites. Il ne peut pas ne rien rester des années de combats, de clandestinité, de prisons, de tortures, de camps de concentration, des années de lutte quotidienne. Des milliers de gens portent encore les blessures et les traumatismes de ces années-là. Des milliers de familles pleurent encore des parents et des enfants disparus. Et puis, quand on a passé dix, quinze ou vingt ans en prison, on a parfois envie de vivre enfin sa vie. Combien de gens, parce qu'ils ont lutté, se sont mariés à quarante-cinq ou cinquante ans ou plus encore. Il est naturel que beaucoup soient fatigués. L'erreur commence, et sur ce point, je suis d'accord avec les jeunes, quand ces gens épuisés réclament le leadership du mouvement progressiste, veulent en être les protagonistes. La fatigue passe, en effet, dans l'idéologie et ce n'est plus tolérable. C'est, aujourd'hui, le tour de la jeunesse. C'est elle qui doit reprendre le

LES FRUITS DE LA GUERRE CIVILE 161

flambeau et principalement ceux qui furent lambrakidès, ceux qui sont nés de la guerre civile, cette jeunesse qui a fleuri dans les années 60-65. Si ceux-là avaient le pouvoir, alors le mouvement progressiste serait à nouveau un vrai mouvement de lutte.

Revenons-en à la division du parti communiste. Comment expliquez-vous que, face aux colonels, les forces se soient ainsi dispersées?

En créant le Front patriotique, premier organe de la résistance, nous avons appelé à l'unité de toutes les forces démocratiques. Mais tout de suite s'est posé le problème de nos relations avec le Politburo qui était à l'extérieur. Il y avait des voix qui disaient qu'en tant qu'organisation de résistance intérieure, nous devions rompre nettement; d'autres, selon lesquelles c'était prématuré, nos moyens restant très limités. Nous avons décidé que nous resterions dans le parti, respectant le bureau politique mais gardant pleine et entière responsabilité en ce qui concernerait la lutte effective contre la Junte. Nous décidions, nous-mêmes, des actions à entreprendre tout en prenant soin d'en tenir informé le bureau politique, quitte à discuter en cas de désaccord. Mais quoi qu'il arrive, nous gardions le dernier mot.

Mais en août 1968, l'entrée des chars soviétiques à Prague nous a profondément divisés. Les uns ont résolument soutenu le bien-fondé de l'intervention tandis que les autres la condamnaient comme le faisaient les camarades français et italiens. Ce fut la rupture et même la guerre ouverte, en particulier dans les prisons et dans les camps de concentration où les communistes se scindaient en deux clans, ceux qui étaient pour et ceux qui étaient contre. Au plus fort de la lutte contre les colonels, il y avait donc ceux qui s'étaient regroupés autour de Koliyannis, le secrétaire général du Parti, figés dans le dogme, dans la foi absolue et conforme à la religion du Parti et puis, ceux, dits « de l'intérieur » qui étaient les protestants au sein de l'Église. Du grand parti communiste étaient nées deux factions ennemies qui se disputaient le titre et la légitimité.

Lorsque j'étais interné à Oropos, j'ai tout tenté pour établir un front unique, ne fût-ce qu'au sujet des questions de fonctionnement du camp. Être au moins unis face à nos gardes-chiourme! En vain. J'ai été libéré avant d'y être parvenu.

Pouvez-vous préciser un peu comment s'est passée votre libération?

J'étais donc interné à Oropos. J'y étais depuis six mois et avec mes camarades, nous vivions dans de telles conditions que j'étais tombé malade. Je souffrais d'une appendicite chronique et l'inflammation s'était propagée jusqu'au foie. Je n'osais pas trop en parler à mes gardiens parce que j'avais la hantise d'être séparé de mes camarades. Mais ma maladie était trop évidente. J'étais tellement boursouflé du fait de l'infection que mes traits s'étaient complètement transformés. Finalement, le commandant du camp décida, contre mon gré, de m'envoyer à l'hôpital Sotiria, en réalité une terrible prison, ainsi qu'un de mes camarades, Vitalis. On nous avait promis

LES FRUITS DE LA GUERRE CIVILE

qu'il ne s'agissait que d'y passer des examens. En fait, ce n'était pas vrai et au bout de plusieurs jours, nous avons décidé de faire une grève de la faim pour exiger qu'on nous renvoie à Oropos. Le jour où nous devions la commencer, un gardien vient me chercher, moi seulement, Vitalis, plus atteint que je ne l'étais, devant rester à l'hôpital. Je croyais que je retournais au camp. Mais en arrivant dans le parloir, je découvre un groupe de gens parmi lesquels, Myrto, ma femme et Jean-Jacques Servan-Schreiber. Je dois dire que je ne l'ai pas reconnu tout de suite. Je ne comprenais rien. Qu'est-ce qu'il me voulait? Je le connaissais pour avoir lu ses livres et pour avoir été un lecteur de *l'Express*. Sans un mot, ou presque, on m'entraîne dehors, dans la rue, sans même m'avoir fouillé ce qui était anormal et surtout sans qu'il y ait de gardes armés. Une voiture noire nous attendait. Je pensais à un piège, un de plus. Ce n'est que dans la voiture que ma femme m'a appris que je partais à Paris, ce que Jean-Jacques Servan-Schreiber a confirmé. Je me demande si ce n'étaient pas les premiers mots qu'il m'adressait depuis notre rencontre au parloir de l'hôpital. Quand nous sommes arrivés à l'aéroport, J.-J. S.-S. m'a conseillé de mettre ses lunettes de soleil, pour que personne ne me reconnaisse, dit-il. Quelques instants plus tard, nous étions dans un petit avion, en vol pour Paris. Enfin, j'étais libre, d'autant plus libre que Servan-Schreiber m'apprit qu'il devait revenir le samedi suivant pour chercher Myrto et nos deux enfants. Voilà comment s'est passée ma libération.

On m'a par la suite posé beaucoup de questions au sujet de Jean-Jacques Servan-Schreiber et même demandé de condamner sa politique. C'est une chose à laquelle je me refuse, une attitude que foncièrement je ne puis avoir. D'accord ou pas avec ses analyses politiques, je ne puis oublier que c'est grâce à lui que ma famille et moi avons retrouvé la liberté! Oh! une liberté bien étroite, celle de l'exil, mais, du moins, ce n'était plus les humiliations et les souffrances que nous avions endurées en prison, en camp de concentration et en résidence surveillée.

Vous dites avoir toujours voulu être en dehors de la querelle des deux partis communistes et pourtant, arrivé en France, vous avez adhéré au parti « de l'intérieur »?

Jean-Jacques Servan-Schreiber, sans que ce soit son objectif, a joué un rôle déterminant dans ma décision. En effet, sans me le demander, il a déclaré à Éric Rouleau, du *Monde,* que je n'étais plus communiste. En réalité, dans l'avion qui me ramenait en France, je lui avais simplement fait part de mes inquiétudes du moment et dit que je me refusais à être membre de l'une ou l'autre faction. J.-J. S.-S. s'est cru obligé de faire cette déclaration maladroite que d'ailleurs la presse internationale a déformée en la présentant comme les termes d'un compromis entre la Junte et moi : j'aurais été libéré moyennant une profession de foi non communiste. Ça ressemblait à une véritable machination. Je me suis donc, hautement, déclaré communiste et l'ai fait savoir à toutes les agences de presse mais les dépêches n'ont repris mes propos qu'en deux ou trois lignes. Ça ne suffisait pas. J'ai donc adhéré au parti communiste et pour couper court à toutes les rumeurs, pour laver mon honneur et celui de tout le mouvement grec, je suis entré à la direction suprême du Parti comme mes camarades avaient bien voulu m'en faire la proposition.

Pourquoi le parti « de l'intérieur »? Parce que j'étais, je l'ai dit, très soucieux de poursuivre une politique unitaire au sein du Front patriotique dont je restais le président. Ceux « de l'intérieur » semblaient suivre cette démarche, à ce point que certains camarades se disaient prêts à abandonner le titre de « parti communiste » si cela devait faciliter la réunification. Malheureusement, ceux-là n'étaient pas la majorité.

Quels étaient, alors, vos relations avec le P.C.F.?

Le parti « de l'intérieur » et le P.C.F. ont toujours eu des relations cordiales quoique fort prudentes. Le raisonnement des Français était que nous faisions parti du grand mouvement communiste sans pour autant être un parti communiste en titre. En cela, ils étaient fidèles à la position de l'Internationale.

Il faut dire que l'essentiel de nos relations s'était établi au niveau du Front patriotique auquel les Français ont apporté une aide psychologique et matérielle appréciable. Pendant la fête de *l'Humanité*, en 1972, le P.C.F. nous a donné la moitié du pavillon destiné au parti communiste grec. C'était un geste très important, à tel point que les autres ont refusé de venir, marquant ainsi leur désapprobation. C'était toujours la guerre entre nous, même en exil, même reçus par des camarades étrangers. Et cette guerre, les camarades français, pas plus que les camarades italiens, ne la comprenaient. Au contraire, ils faisaient tout pour nous unifier. Georges Marchais, lui-même, m'a proposé son aide et m'a demandé d'adresser au Comité central du P.C.F une lettre par laquelle nous lui demandions d'intervenir. Le P.C.F. a accepté de jouer ce rôle d'intermédiaire et Georges Marchais s'est alors lancé dans une politique de contacts avec tous les partis européens. Il a failli réussir, mais brutalement, la dynamique s'est bloquée, je ne sais pas très bien à quel niveau.

Nous avions, également, des liens très amicaux avec le P.C. italien. C'était, à vrai dire, nos seuls appuis avec les Yougoslaves et les Roumains, ce qui ne les empêchait pas de reconnaître Koliyannis et les « orthodoxes ». Nous avons aussi essayé d'avoir des liens avec les Chinois et les Albanais, mais sans succès.

Je me souviens qu'un jour, j'ai rencontré l'ambassadeur de Chine populaire, en Roumanie. Nous évoquions divers problèmes dont celui de la Grèce et je lui ai demandé de rencontrer Mao. En plaisantant, je lui ai dit : « Ce serait la moindre des choses. Mao est président? Je le suis aussi (j'étais président du Front patriotique). Il a fait la révolution culturelle? Je la fais, en Grèce. Je l'ai même entamée dans les années 60, c'est-à-dire avant lui. Enfin, nous sommes tous les deux artistes, lui poète et moi musicien... » Le pauvre ambassadeur qui n'avait rien compris n'a pas tellement apprécié la plaisanterie!

Vous vous dites marxiste. Que représente, pour vous, le marxisme?

Je suis marxiste et l'ai toujours été. Le marxisme est la théorie qui, seule, peut nous permettre de changer l'homme et le monde. Pour moi, la seule valeur qui justifie la qualité humaine est la fraternité, c'est-à-dire la possibilité qu'a chaque homme d'exprimer et d'échanger des idées et des sentiments, d'agir et de vivre pour et avec ses semblables. L'homme est un être social par excellence et ne peut, donc, vivre qu'en société. Aussi la règle essentielle de cette société doit-elle être la plus parfaite harmonisation des rapports que peuvent avoir les hommes entre eux. C'est à cette seule condition que l'individu peut atteindre cette « dimension intérieure » qui en fait un poète. Nous devons nous battre pour une société qui, ayant résolu tous les problèmes matériels, permettra aux hommes de se libérer grâce à l'épanouissement de la pensée, de la création spirituelle et artistique, de la culture. Cette société sera démocratique et marxiste.

Pour bien comprendre le sens de démocratie, il faut se tourner vers l'étymologie. La démocratie est le pouvoir *(cratos)* du peuple *(démos)*. Qu'est-ce que le pouvoir? Qu'est-ce que le peuple? Marx a démontré que, dans la société contemporaine, le pouvoir appartient à qui détient les moyens de production, c'est-à-dire les décisions économiques. On s'aperçoit aisément qu'aujourd'hui la décision reste entre les mains d'une minorité de minorité, de cercles on ne peut plus étroits, qu'ils soient ceux des monopoles, de l'oligarchie ou ceux du Parti. L'homme, le citoyen moyen, n'a jamais été aussi éloigné du pouvoir. Les grandes destinées de l'humanité restent définies par une poignée d'hommes. Aux États-Unis, par exemple, les décisions fondamentales, telles que la guerre au Viêt-nam, le rapprochement avec l'U.R.S.S. ou la Chine ont été prises par quelques hommes et l'Américain moyen n'a aucun pouvoir de contestation. Le processus est le même de l'autre côté : qui a décidé l'entrée des chars du Pacte de Varsovie en Tchécoslovaquie? Le Tchèque moyen, le Soviétique moyen? Étaient-ils seulement informés? Seul est libre celui qui participe à la décision.

Un homme responsable est un homme libre. Un homme responsable a la possibilité, le droit, le devoir de décider de tout ce qui le concerne en tant qu'individu et de participer aux choix qui règlent la vie collective. Sinon, il est esclave de qui décide pour lui. Dans nos sociétés, par la décision d'un technocrate ou d'un conseil d'administration, des milliers de personnes peuvent se retrouver, du jour au lendemain, sans travail, c'est-à-dire sans moyen d'existence. Aussi grave est le pouvoir que détiennent quelques hommes qui peuvent envoyer des milliers d'autres défendre une cause qui n'est pas la leur. Qui le gouvernement américain a-t-il consulté au sujet de la guerre du Viêt-nam, de l'intervention à Saint-Domingue, de sa politique au Moyen-Orient ou en Grèce? L'appareil d'État, c'est-à-dire une poignée d'individus, a décidé, seul, d'arracher 400 000 jeunes Américains à leur famille, à leurs études, à leur travail pour les envoyer se faire tuer au Viêt-nam et pis encore, pour tuer. Par la décision de quelques-uns, des enfants de vingt ans sont devenus des assassins. Cette poignée d'individus peut, demain, décider de déclencher une guerre atomique contre l'U.R.S.S. ou contre la Chine. Elle ne consulte personne, méprise et refuse l'opinion du peuple avant de déchaîner la guerre et la mort.

Nous sommes tous les esclaves de ceux qui détiennent

le capital, et donc le pouvoir et l'armée. Ce n'est pas parce que nous avons voitures, réfrigérateurs, télévisions, vacances et mille robots à notre service que nous ne sommes plus des esclaves. Nous travaillons et avec le profit issu de notre travail comme avec l'impôt que nous payons, les nouveaux maîtres du monde nous avilissent. Seules les chaînes ont changé. Aujourd'hui, elles s'appellent « objets de consommation ».

Le marxisme a peut-être une faiblesse fondamentale. Son objectif est la transformation de la société humaine mais, dans son analyse, l'individu est parfois sous-estimé. De plus, les théoriciens du marxisme ont, depuis toujours, mis l'accent sur le caractère économique des phénomènes sociaux en omettant d'explorer scientifiquement le facteur individuel dans l'évolution de la société. Je considère, pour ma part, que la déformation essentielle des idéaux marxistes tient à l'influence des groupes dirigeants pour lesquels le pouvoir est une fin en soi, le service du peuple ne devenant plus qu'un masque.

Je pense que le rôle des hommes de culture (artistes et scientifiques) sera décisif. En effet, les gens qui ont un niveau culturel supérieur peuvent dépasser la maladie qu'est l'ambition et le goût pour le pouvoir. La culture, la création artistique et la philosophie, le développement et une large circulation de la pensée peuvent contribuer à instaurer de meilleures relations entre les hommes. En effet, pour moi, c'est dans la culture que l'homme puise l'essence de sa dimension intérieure.

Notre grandeur ne peut se trouver que dans celle des autres. Celui qui veut être le plus grand doit être le plus modéré car ce n'est qu'ainsi qu'il peut établir des rapports créatifs et équilibrés avec ses semblables. La véritable personnalité ne peut exister qu'avec l'approbation des autres et celle-ci ne peut naître de la pression. Seules la force morale et spirituelle, la force de la pensée et de la création intellectuelle peuvent lier un individu aux autres. Et ce lien est nécessairement inoffensif. Le créateur est inoffensif mais son action est positive.

La situation présente qui se caractérise par la monopolisation des décisions d'intérêt national et international entre les mains de quelques-uns témoigne d'une crise profonde. Le peuple au nom duquel et grâce auquel s'est faite la révolution est, une fois de plus, trahi puisqu'il n'est toujours pas le maître de son destin, puisqu'il est exclu du pouvoir au profit de quelques-uns qui décident de sa vie et de sa mort, de la vie et de la mort de ses enfants. Nous devons tout faire pour que le peuple lui-même établisse son propre gouvernement, lequel, selon l'analyse de Lénine, doit progressivement s'effacer pour laisser la place à une société communiste où il n'y aura plus ni pouvoir central, ni armée, ni police mais où les moyens de production et les centres de décision seront devenus l'affaire de tous.

Je souhaiterais que se constitue un Parti moderne qui repose sur des comités populaires. Quand j'étais député du Pirée et président des Jeunesses Lambrakis, nous avons pris l'initiative de créer de ces comités populaires pour la défense et la résolution des problèmes concrets. Nous avions constaté que lorsqu'il y avait un problème qui les dépassait, les masses avaient tendance à l'enterrer. Cette contradiction, il faut la résoudre et la résoudre par l'action des masses elles-mêmes, faire qu'elles prennent d'elles-mêmes l'initiative. Il y avait, dans le secteur du Pirée, une usine de ciment très polluante qui empoisonnait la vie de tous les habitants. Nous avons invité le peuple à venir en masse se réunir aux portes de l'usine. Là, nous avons pris la parole, simplement pour dire : « C'est maintenant votre problème. C'est à vous d'agir. Vous devez vous constituer en comité populaire et prendre en main la résolution du problème. Chacun de vous peut se présenter au bureau qui coordonnera la lutte. » Aussitôt après, il y eut un certain nombre de prises de parole et ensuite, on a voté. La première décision adoptée fut de réunir un maximum d'informations et de propositions sur cette affaire puis de mobiliser le peuple afin que soient prises toutes les initiatives propres à résoudre le problème : réunions, délégations dans les ministères et éventuellement la guerre contre l'usine, encerclement, paralysie des activités polluantes jusqu'à ce que la direction capitule. Le comité a fait un travail fantastique : les uns avaient réussi à être reçus dans les ministères, les femmes, assises sur la route, avaient empêché les camions de pénétrer dans l'usine au point que la police avait dû intervenir... Le comité fonctionnait comme un véritable pouvoir populaire au sein des masses et avait pris une position de leader. Deux mois plus tard, j'ai visité le même quartier. Le comité qui avait obtenu gain de cause était fort de l'appui de tous les habitants du quartier qui lui soumettaient de nouveaux problèmes : nous avons besoin d'un parc pour les enfants à tel endroit, d'un pont à tel autre. Les gens étaient même prêts à les construire. Le peuple avait pris conscience de ses problèmes et s'était rendu compte qu'il pouvait contribuer à les résoudre.

Parler de « pouvoir au peuple » signifie qu'on met en place un nouveau système de relation qui garantit vraiment la participation créatrice et responsable du peuple. Le facteur le plus important n'est pas dans la force offensive mais dans l'ampleur de la préparation des masses. Il faut que l'immense majorité du peuple souhaite le changement. Le peuple est comme une femme qui espère un enfant. Pour cela, il faut concevoir l'enfant. Cet acte qui précède la révolution, c'est la connexion entre le Parti et les masses. Le Parti pénètre dans les masses avec son idéologie et la féconde. La masse est, alors, enceinte de la révolution.

Par certains points, vous vous rapprochez assez sensiblement du système chinois.

Il y a des aspects nationalistes et chauvins dans le comportement chinois qui me turlupinent. Pour moi, un modèle communiste ne doit pas être fanatique. Un communiste est un homme tout à fait serein, doué d'un jugement sérieux, ouvert à toute discussion et gardant toujours foi en son idéologie, mais sans fanatisme religieux.

Il y a plusieurs façons d'être communiste, mais je ne crois pas qu'on puisse l'être et avoir, en même temps, une attitude négative vis-à-vis de l'Union soviétique. On peut critiquer l'U.R.S.S. mais l'assimiler à un pays impérialiste et capitaliste, c'est le fanatisme le plus aveugle.

Je pense, toutefois, que les problèmes des dirigeants chinois sont un peu particuliers dans la mesure où ils ont affaire à des masses immenses. Il est sûr qu'ils doivent recourir à des méthodes d'éducation que nous ignorons. Quand il s'agit de parler à huit cents millions d'individus, il faut pouvoir frapper efficacement l'imagination, atteindre les sentiments, provoquer la haine ou l'amour. Je pense d'ailleurs que c'est la raison pour laquelle Mao a favorisé le culte de sa personnalité, cette véritable adoration dont il est l'objet, parce que de la sorte il peut frapper les masses pour leur bien. On peut estimer que tous les moyens sont bons quand ils sont au service d'une cause juste. Mais c'est tout de même un jeu dangereux qui pourrait bien avoir des effets de boomerang.

Les Chinois constituent sûrement la plus grande espérance du monde, pourtant ce n'est pas du tout ainsi que je conçois le communisme. Et ce que je critique le plus c'est un comportement que je juge exagéré et dangereux dans leurs relations avec les Soviétiques. Je crois qu'aussi longtemps qu'existeront le capitalisme et l'impérialisme, les communistes devront rester frères.

Vous dites : « On ne peut pas être communiste et en même temps avoir une attitude négative vis-à-vis de l'Union soviétique. » Vous pouvez préciser?

En Grèce, la gauche a une tradition philo-soviétique. Je ne pense pas aux intellectuels mais au peuple qui a été la victime, par excellence, du colonialisme des Anglais et de l'impérialisme des Américains. Être communiste, chez nous, c'est quelque chose de très lourd à porter, c'est s'exposer à des dangers réels, à subir les foudres du système, de la police, c'est accepter d'être le gibier des bandes fascistes. Avec quelle contrepartie? Le seul honneur d'être communiste est la satisfaction d'œuvrer selon la morale, dans le sens de l'histoire et pour l'humanité. A moins de participer au mouvement international et de s'appuyer, parfois, sur l'existence sécurisante des partis frères, c'est une sorte de suicide. Ce n'est d'ailleurs pas le cas de la seule Grèce. Mais, plus peut-être que beaucoup d'autres, notre histoire est étroitement liée à celle du parti communiste soviétique. Lorsque, après la guerre civile, les gouvernements de droite se sont livrés à une véritable chasse aux sorcières, c'est tout naturellement en U.R.S.S. et dans les démocraties populaires que nous sommes allés trouver refuge. En outre, personne n'oblige personne à être avec personne. Le communisme se fond avec l'histoire de l'Union soviétique et si on n'est pas d'accord, on prend un autre titre, on quitte l'Internationale comme l'a fait Mao, comme l'ont fait les trotskistes, comme l'ont fait les Vénézuéliens qui ont formé le Mouvement du socialisme.

Ce qui est intéressant, aujourd'hui en Grèce, c'est que si le parti communiste de l'intérieur critique l'inféodation à Moscou, il n'est pas pour autant antisoviétique. Au contraire même puisqu'il a tout tenté, et je l'ai aidé quand j'en étais membre, pour être reconnu comme parti communiste à part entière par les Soviétiques et par l'Internationale. Nous sommes encore sous les charmes de la révolution d'Octobre. Beaucoup pensent qu'on peut répéter, d'une façon différente toutefois, ce qui s'est passé il y a une soixantaine d'années en U.R.S.S. Je n'en suis plus convaincu. Nous vivons une véritable révolution, surtout depuis la Seconde Guerre mondiale, révolution technique et scientifique qui bouleverse la société. Nous ne disposons plus de théorie ni d'analyse philosophiques puis politiques qui soient à la hauteur. On constate, aujourd'hui, des choses étranges comme, par exemple, le comportement des intellectuels américains qui est beaucoup plus révolutionnaire que celui des ouvriers ou encore la prééminence de la bourgeoisie grecque dans la lutte contre la dictature. Les contradictions d'hier ne recouvrent pas les contradictions d'aujourd'hui.

Que pensez-vous du compromis historique préconisé par le parti communiste italien?

Le compromis historique? Il est nécessaire à la Grèce depuis longtemps. En Italie, Berlinguer a compris que les contradictions internationales étaient tout à fait modifiées par rapport aux modèles du passé et qu'il fallait garantir à chaque peuple son unité nationale.

L'impérialisme a changé sa tactique. Il n'est plus seulement la conquête et la domination économique et politique, il est aussi la conquête et la domination culturelle. Les Américains, avec leur langue, leur technologie, leurs coutumes, leur rayonnement atteignent l'âme des peuples, leur langage, leurs coutumes, leur identité. Comment lutter contre? Il faut combattre pour retrouver l'unité, c'est-à-dire l'intérêt national.

La culture et la langue sont primordiales et c'est pour cela qu'on parle de plus en plus de révolution culturelle. Il importe, aujourd'hui, que chaque peuple avance en conservant sa personnalité. Chaque peuple, même le plus petit, doit lutter pour l'épanouissement de sa propre personnalité. C'est ainsi qu'il contribuera, par son propre génie, à la progression de l'humanité. Il ne faut pas que, sous l'empire américain comme sous l'empire romain, ce soit la nuit. Et là surgit une nouvelle contradiction : je pense que le génie national est en contradiction avec la lutte des classes. Luigi Nono [1] me disait, un jour, qu'il n'existait pas de musique populaire mais une musique nationale et une musique de classe. Il en déduisait que la musique qu'il fallait donner au peuple devait être expérimentale. Je ne suis pas d'accord. Je pense que la musique populaire, en Grèce, est le fait de toute la nation, au-dessus de la lutte des classes, du moins de la lutte des classes telle qu'elle est conçue jusqu'à présent. Je n'accepte pas que le paysan ou l'ouvrier qui vote à droite soit assimilé à la bourgeoisie. La bourgeoisie ne se définit pas par son choix électoral mais par son fonctionnement dans le système de production, par la continuité d'une philosophie et d'une esthétique.

Nous sommes devant une nouvelle analyse de l'unité nationale qu'il faut faire selon la position de chacun de nous dans le cycle de la production, indépendamment de nos choix électoraux. Les chrétiens-démocrates italiens sont à peu près douze millions mais quatre-vingt-dix pour cent d'entre eux sont des exploités. Il est normal que le P.C.I. recherche le rapprochement avec eux.

Les Italiens, avec les gouvernements locaux, ont déjà expérimenté une sorte de socialisme à l'intérieur du système capitaliste. Mais je pense que le vrai socialisme n'existera qu'au terme d'une révolution qui mettra bas

---

1. Luigi Nono, membre du parti communiste italien, est un des chefs de file de l'école italienne de musique expérimentale.

LES FRUITS DE LA GUERRE CIVILE 177

toutes les structures bourgeoises. Or, je crains qu'en Europe, une telle révolution ne soit pas pour demain. On ne peut guère compter sur une aide soviétique alors qu'une intervention américaine ne se ferait pas attendre, tout comme d'ailleurs une réaction de la bourgeoisie européenne. Sur le plan théorique, les Italiens sont très avancés. Mais si les réformes sont partout possibles, la révolution... je n'en suis pas sûr.

Pour édifier le socialisme, en Europe, je ne vois qu'une seule solution : que s'organise le plus rapidement possible une solidarité de tous les mouvements progressistes, communistes et socialistes, que dans chaque pays, communistes et socialistes commencent à mieux se connaître et que se répandent des expériences comme l'Union de la gauche, en France, bien qu'on ait déjà vu combien elle est fragile. Il faut en arriver à ce point d'alliance que s'il y a lutte armée, l'unité ne vole pas en éclats. C'est donc un long travail qu'il faut entreprendre pour niveler les différences qui existent entre communistes et socialistes, mais aussi entre les communistes eux-mêmes et les socialistes eux-mêmes.

Le Portugal est en train de vivre une expérience qui pourrait bien correspondre, à terme, à la révolution.

Le Portugal vit, c'est certain, des heures capitales et d'ores et déjà a fait un très grand pas en avant. Mais, chez nous aussi, il y a eu des nationalisations. En France, aussi. En Italie, aussi. Ce ne sont que des réformes. Quant à la révolution, il faut avoir les masses derrière soi et je ne sais pas encore très bien quelle est l'attitude des masses portugaises. Toutes les luttes qui ont lieu, actuellement, mettent aux prises diverses factions du pouvoir, le parti communiste, le parti socialiste, les libéraux, le Mouvement des forces armées et je ne suis pas convaincu que les masses aient un grand poids en la matière.

La situation, au Portugal, me semble très inquiétante. Voilà un pays qui, pendant cinquante ans, a vécu sous un régime totalitaire, qui a été tenu dans la plus complète ignorance politique, dans lequel le pouvoir fasciste a mis en place des mécanismes de répression fantastiques et tenté de déformer la conscience populaire. Alors, je crois qu'il faut être très prudent, c'est-à-dire préserver, à tout prix, l'unité des forces progressistes et de celles qui s'opposent sincèrement à l'ancien régime, même si demain elles doivent devenir des ennemis à neutraliser. Le principal danger pour le Portugal, comme pour la Grèce d'ailleurs, est de voir s'organiser une contre-offensive fasciste qui sera, à coup sûr, soutenue par les Américains.

La démocratie n'est pas une réalité fluctuante. L'admettre serait la condamner. Les réformes sont nécessaires mais si elles impliquent une rupture prématurée du front démocratique, alors, il faut y surseoir pour choisir l'unité.

Mais je suis en dehors de la réalité portugaise et nous sommes là dans le domaine de la pure réflexion.

Vous considérez-vous comme un philosophe radical?

Je suis un compositeur et un homme d'action. Mais il n'y a pas d'action sans analyse ni réflexion. J'ai pris part, d'une façon ou d'une autre, à tous les événements qui ont ébranlé mon pays dans les trente dernières années. Il faut dire que l'histoire a été généreuse avec nous. Nous avons eu la guerre, la résistance, la guerre civile, dix-sept ans de luttes acharnées et puis sept ans de dictature. Comme tous mes compatriotes j'ai réfléchi à une quantité de questions politiques et sociales. Comme tous mes confrères, je veux dire les artistes, les poètes, les musiciens, je me suis beaucoup interrogé au sujet de l'homme et de sa destinée. Aussi, si je m'exprime, aujourd'hui, par un discours qu'on peut qualifier de philosophique, c'est parce que ma pensée a mûri au cœur des événements et parce que j'ai toujours analysé chaque événement avant d'opter pour une direction, avant d'agir. J'ai vu beaucoup de choses changer grâce à notre action. Je sais que tant que nous pourrons penser et réagir avec justesse aux événements nous garderons la possibilité de changer les conditions de la vie et forger notre avenir. C'est pourquoi je suis optimiste. Cette philosophie est le fruit d'une longue période d'action ininterrompue et elle porte en elle la semence de l'avenir. Mais je dois insister, ici, sur le fait que l'action et la pensée qui s'appuie sur elle constituent un idéal puisqu'elles nous montrent, à chaque instant, quels sont nos devoirs, notre dette. En nous acquittant chaque jour un peu plus de celle-ci nous pouvons véritablement nous sentir libres.

Vous êtes un artiste très populaire et un homme politique très controversé. Comment vous définiriez-vous, muse ou sirène?

Pour être une sirène, il faut être en dehors de la barque. Or, moi, je suis dans la même barque que tout un chacun. Pour être une muse, je devrais être inspiré par les autres, alors que ce sont les autres qui m'inspirent.

Que fait une sirène? Elle conduit le peuple, la jeunesse vers quelque rivage fatal. L'Odyssée. Je devrais donc travailler pour de bien bas intérêts! Ma génération et moi-même avons tout donné, depuis trente ans, pour la libération de notre peuple. Notre seul maître est le peuple. La preuve en est que nous sommes attaqués de tous côtés. Je suis un homme entièrement indépendant. Je suis un homme entièrement libre et mon sang reflète l'esprit du peuple. Cet esprit, l'esprit de la liberté et de ses espoirs, inspire la jeunesse grecque, renforce sa foi dans le monde qu'elle construira, elle-même, demain; il montre à cette jeunesse que rien n'est plus puissant que la vérité de l'homme décidé à lutter par tous les moyens et à se sacrifier pour le triomphe de ses idéaux.

VI

MOZART A QUITTÉ SON VILLAGE

L'âme de ma patrie
C'est cette semence qui a poussé racine
Au cœur même du rocher.
A toi seule tu es mère, femme et jeune fille
Tu domines les flots et les monts
Et tu teintes secrètement de sang
Les œufs rouges de la Résurrection
Que couvent les siècles et les hommes.
O que vienne dans mon malheureux pays
La vraie Pâque de tous les Grecs!

Poète inconnu, je t'appelle.

Poème de M. Théodorakis
mis en musique dans le cycle
Arcadie VI, en avril 1969.

« Il ne me restait que deux rochers : la musique et le combat de notre peuple. Je me suis rendu à Athènes », *écrit Mikis Théodorakis en évoquant les années 50*[1].

Ce soir, le stade de Panionios, dans la banlieue d'Athènes, est inaccessible. Les avenues, les rues, les chemins des alentours (de cet équivalent du stade de Colombes pour les Parisiens) sont bondés. Embouteillages inextricables dans un périmètre de deux à trois kilomètres. Quant aux abords mêmes du stade, entre les vendeurs de pistaches, de brochettes ou de petits carreaux de polystyrène expansé pour les fesses fragiles, les spectateurs qui ont leur billet, ceux qui cherchent les caisses ou ceux encore qui cherchent un quelconque moyen de resquiller, les familles, les bandes, les isolés, ceux qui ont rendez-vous, les voitures, les poussettes et les deux roues, ils ressemblent à un foirail démesuré où l'on ne sait plus très bien si se prépare la fête ou l'émeute.

Il ne s'agit pas d'une rencontre sportive au sommet mais d'un concert de Mikis Théodorakis. 45 000 per-

---

1. *Journal de Résistance, la Dette,* Éd. Flammarion.

sonnes sont là, surexcitées, qui envahissent gradins et pelouse. La scène jonchée de fleurs, au centre du terrain devenu orchestre, paraît minuscule, îlot fragile dans une mer démontée, agitée de mouvements contraires où l'on se bouscule, se reconnaît, s'interpelle, se congratule, s'assied, se relève, trépigne en attendant...

Concert, kermesse, meeting, fête populaire, messe pour la liberté ou prémices de la révolution culturelle?

Vous évoquez souvent le rôle joué par la culture. Vous parlez même de révolution culturelle. Qu'appelez-vous la culture ?

La culture n'est pas une somme de connaissances, l'emmagasinement de pensées, d'idées, de notions, de matériel culturel que ce soit en musique, en poésie, ou en quoi que ce soit d'autre. Ce n'est pas la consommation. La culture est la participation à un mouvement collectif et le développement de quelque chose qui est en nous. C'est notre position face à la vie, la vie en tant que conception abstraite et philosophique, en tant que réalité concrète, immédiate et quotidienne. C'est un comportement moral, intellectuel et sentimental de l'individu face aux problèmes que lui posent la vie, l'histoire et la pensée. Pour moi, un homme ne peut s'épanouir qu'à condition qu'il dépasse les limites du consommateur pour prendre l'initiative par sa propre création ou par sa participation à la création. L'exemple idéal reste, selon moi, celui d'Athènes à l'époque de Périclès. Les Athéniens avaient obtenu que la collectivité leur offre des spectacles, et pas n'importe lesquels. Ils étaient au théâtre du matin jusqu'au soir et participaient, d'abord par l'institution de concours qui primaient les auteurs et dont le jury était assuré par le public lui-même et non par des critiques patentés, ensuite, parce que les événements qui leur étaient présentés appartenaient, pour la plupart, à leur propre vécu. *Les Perses* d'Eschyle, par exemple, étaient le rappel d'un passé récent au sujet duquel chacun avait une opinion personnelle. Un dialogue existait donc entre auteurs et spectateurs. De cet échange naissaient de véritables œuvres collectives grâce auxquelles Eschyle, Sophocle, Euripide ou Aristophane pouvaient progresser et leurs concitoyens s'épanouir. Ce n'est que de la sorte que l'individu peut trouver son équilibre.

L'homme a besoin de s'exprimer. Il a une faim qui n'est pas seulement matérielle. Quand un primitif danse ou dresse un totem, cela correspond à une nécessité vitale. L'homme se développe dans deux directions simultanées et concomitantes : le matériel et le spirituel. Cette dualité est frappante dans les civilisations primitives. Dans l'île de Bali, par exemple, la population qui n'est pas encore trop touchée par l'idéologie capitaliste s'est construit un équilibre entre les systèmes matériels et spirituels. Tous les ans chaque village crée un opéra auquel chaque membre de la communauté participe en apportant sa contribution. On retrouve ce même équilibre dans les villages d'autres régions du monde où tous travaillent à satisfaire leurs besoins matériels mais, en même temps, participent à un certain nombre de manifestations qui sont les fêtes religieuses ou laïques, les festivals. La participation de chacun passe par l'élaboration de la musique, de la danse, du costume, du décor, etc.

Mais cet équilibre est remis en question dès que le porte-parole, le mage quitte la communauté. Avant lui, le chef, devenu prince, avait quitté le village et comme il aime la musique, la danse, la peinture, il appelle à lui le mage. Et Mozart abandonne son village. Les artistes, petit à petit, s'en sont allés, tournant le dos à la musique populaire pour se consacrer aux princes et aux puissants. C'est comme cela que s'est créé le déséquilibre. Les masses ont été saignées qui ont laissé partir leur propre génie à la cour des princes du sang, d'abord, des princes de l'Église, ensuite, des princes de l'argent enfin. Nous nous retrouvons donc devant un art fait pour les princes et pour les bourgeois tandis que le peuple doit désormais se contenter des ordures qu'on veut bien lui jeter. Pourtant ce peuple conserve une culture propre, mais elle s'appauvrit de jour en jour parce que la bourgeoisie et la société de profit, de plus en plus voraces, lui arrachent ses derniers mages. A cela il faut ajouter que les villages se vident tandis que ses habitants vont s'agglutiner dans des villes où ils n'ont plus la possibilité de s'exprimer.

La culture bourgeoise a trouvé sa voie, son fonctionnement qui n'a rien à voir avec celui des masses, auxquelles on réserve les romans à l'eau de rose, et les chansonnettes, ces sous-produits sous-culturels. Qui va au concert symphonique, au théâtre? Qui achète des livres, des disques classiques? Qui fréquente les expositions de peinture ou de sculpture? En France par exemple, sur cinquante millions d'habitants, combien vont au concert? Dix mille? peut-être cinquante mille personnes. Celles-là seules, ou presque, profitent des subventions du ministère de la Culture, ont leurs propres critiques; pour elles les journaux réservent des colonnes entières, publient des analyses, des controverses, des discours... Cinquante mille sur cinquante millions! Pendant ce temps, les autres sont exclus parce qu'on ne leur a pas donné la possibilité de savoir, de comprendre et d'aimer comme à ces cinquante mille dont la quasi-totalité a passé le bac, a fréquenté l'université, a reçu toutes les possibilités de se passionner pour Beethoven. Beethoven, avec un travail de fond, pourrait être accessible aux masses. Il est beaucoup plus qu'une statue de musée qu'on adore, comme le Parthénon.

L'art vivant n'est pas un modèle figé, n'est pas une abstraction qu'on admire mais une chose à laquelle on s'assimile, on s'identifie, avec laquelle on dialogue. Aujourd'hui les bourgeois ayant résolu leurs problèmes matériels peuvent dialoguer avec l'artiste. Les Ravel, les Debussy, les Stravinski étaient reçus dans les grands salons parisiens et ainsi les bourgeois participaient. Comment s'est faite la forme de la sonate? par un dialogue entre le musicien et son public qui, à l'époque, était l'aristocratie allemande ou italienne. Quelle forme naîtra du dialogue entre l'artiste et les masses françaises? C'est la question qu'il faut poser. De nouvelles formes, c'est certain. Mais les artistes ont peur de ne pas prendre rang dans la lignée des grands compositeurs, après Chopin, Debussy, Stravinski et les autres. Tout cela est la faute des artistes qui ne s'intéressent pas au désir des masses, à leur culture, à leurs interrogations, à leur problématique.

Vous pensez que, seuls, les artistes sont responsables?

Ils sont éminemment responsables, mais il est sûr qu'ils ne sont pas les seuls en cause. Marx et Lénine, l'un et l'autre, avaient donné une place importante à la culture dans le processus socialiste. Malheureusement, au fil des ans, la culture s'est trouvée reléguée au second plan. Aujourd'hui, dans les partis communistes des pays capitalistes, la culture et la révolution culturelle *a fortiori,* sont totalement tombées dans l'oubli. A part des gens comme Trotski, Fischer, Gramsci et Garaudy, aucun théoricien ne s'est véritablement intéressé à la culture. Désormais, il n'est plus question que d'économie et de stratégie sociale. « Quant à la culture, on avisera quand on aura pris le pouvoir », c'est à peu près le discours des marxistes d'aujourd'hui. Je ne suis pas d'accord. Une transformation de la société sans révolution culturelle n'aboutirait qu'à un ersatz du socialisme, à un néo-stalinisme. Il ne faut pas attendre les mutations sociales pour entamer la révolution culturelle. Si nous voulons que l'homme devienne de plus en plus homme, qu'il se libère de l'esclavage du travail — et c'est désormais possible — il doit prendre en main sa destinée, doit pouvoir donner libre cours et satisfaire à son aspiration philosophique et esthétique. L'art a un caractère de classe et nous portons, qu'on le veuille ou non, l'héritage de l'art bourgeois. Mais celui-ci, aujourd'hui, est dans une impasse, celle où se trouve la bourgeoisie elle-même. La crise est passée dans l'art et le drame est de constater que les artistes communistes la vivent dans leur création.

Pourtant, une des grandes caractéristiques de notre

époque est que les masses frappent à la porte de l'art. Nous vivons une période de rupture qu'on ne commence à percevoir et à comprendre qu'aujourd'hui. Avec la guerre mondiale, la bourgeoisie a cessé d'être un modèle de civilisation. Une nouvelle conception de la vie et une nouvelle philosophie sont en train de naître, nourries de la lutte des peuples pour leur indépendance, de la lutte des masses pour leur participation au pouvoir et leur libération, et portant en elles une culture originale. Malheureusement, je ne suis pas convaincu que les communistes de 1975 soient à la recherche ou à l'écoute de cette nouvelle philosophie. Le travail qu'ils font, aujourd'hui, est purement quantitatif : le but est de contrôler les mécanismes mis en place par la bourgeoisie. Or le vrai pouvoir n'est pas dans le contrôle des mécanismes, il est dans l'âme populaire, et passe par la culture populaire. Il faut donc donner aux masses la possibilité de retrouver ce que la bourgeoisie leur a volé. Mais il ne doit pas s'agir de récupérer les formes de l'art bourgeois. Au contraire. Les bourgeois ont éprouvé le besoin de construire de nouveaux temples qui se sont appelés théâtres, musées, orchestres symphoniques, etc. Les prendre signifierait prendre l'âme et le corps de la bourgeoisie. Il faut dépasser ces temples et revenir aux sources.

Le peuple n'est pas seulement créateur de plus-value. Il a aussi des qualités morales, esthétiques, et intellectuelles. Comment les faire éclore? D'abord en redynamisant ce qui reste de l'héritage populaire, la musique, la danse, la peinture, les contes, partout où ils existent encore et puis, surtout, en les réinsérant dans la vie quotidienne; ensuite, en rendant au peuple la possibilité de s'exprimer.

Comment?

C'est le devoir de l'artiste, du philosophe, de l'homme de culture que de le déterminer. Mais il n'en trouvera le moyen que lorsqu'il aura, lui-même, coupé le cordon ombilical qui le relie exclusivement à l'art bourgeois. Certes, celui-ci n'est pas à rejeter en totalité mais il ne doit plus être l'unique modèle. Les règles en la matière n'existent pas. Tout est question d'intuition et d'idéologie. L'artiste doit faire ses propres analyses et ses propres expériences pour, enfin, renouer le dialogue avec les masses sans tomber dans la démagogie. Les masses, surtout dans les pays capitalistes, sont minées par les sous-produits culturels mais elles méritent l'effort qui doit être entrepris. Il faut qu'à nouveau elles se sentent concernées, qu'elles se passionnent, soient bouleversées au point de retrouver la possibilité de s'identifier à l'œuvre, c'est-à-dire s'exprimer.

Aujourd'hui deux arts seulement permettent le dialogue avec les masses : le cinéma et la chanson populaire. Certains films sont absolument bouleversants et créent des situations auxquelles il est impossible de ne pas s'assimiler. C'est la catharsis, nécessaire au développement et à l'épanouissement de la personnalité. Certaines chansons, aussi, sont telles qu'on ne peut pas ne pas faire corps, ne plus faire qu'un avec elles. Bien sûr, il y a des exceptions et l'assimilation est parfois possible avec certaines œuvres théâtrales, avec des poèmes... Mais cela reste l'exception, hélas, car si cela devenait la règle, s'il y avait un grand mouvement théâtral, poétique, plastique qui atteigne ces sommets, qui touche autant l'âme populaire que le font films et chansons, alors, ce serait la société culturelle.

Mais les disques, les films, les émissions de télévision, les livres restent des objets de consommation. Il y a un créateur et des millions de « consommateurs » qui ne participent pas à la création artistique.

La relation entre le créateur et le peuple est complexe. Le peuple n'est pas immédiatement créateur et c'est par l'intermédiaire de l'artiste qu'il participe à la création. Même dans l'art populaire, le peuple ne crée pas au premier degré. Il s'exprime par le biais d'un individu particulièrement doué pour la musique, pour la danse, pour le costume, pour la peinture, etc. Mais le rôle du peuple n'en est pas moins déterminant, parce qu'il constitue l'environnement naturel de l'artiste. Le peuple n'est pas seulement présent en tant qu'interlocuteur dans ses choix esthétiques. Par ses luttes, ses espérances, sa quête perpétuelle du progrès, ses contradictions, ses amours, ses haines, et surtout son irrésistible élan vers la liberté, il inspire et dirige l'œuvre. Celle-ci créée, c'est le peuple, et lui seul, qui va la juger, l'accepter ou la refuser, faire qu'elle deviendra, ou non, une œuvre. Une chanson, par exemple, peut être adoptée, même apprise et chantée ou ignorée et rejetée. C'est le peuple qui définit les critères et conduit, par son jugement, l'artiste dans sa création. Personnellement, je sais que si j'étais seul, je ferais tout à fait autre chose que ce que je fais. Voilà la participation du peuple. Voilà sa fonction créatrice. Son apport est indispensable et ses critères indiscutables dans la mesure où ils sont définis par des intérêts vitaux. Quand il aime quelque chose, il a des exigences fantastiques. Bien sûr, dans le monde contemporain, ce dialogue n'est pas aisé, mais tout doit être mis en œuvre pour le rendre possible.

En Grèce, nous avons réinventé le concert populaire qui permet le contact direct, physique, entre le créateur et le peuple. Ce fut un pas en avant très important. Et, personnellement, je vais encore plus loin, en conviant le poète à ces rencontres populaires, pour que lui aussi reçoive le message d'amour, d'indifférence ou de haine du peuple, cette critique qui trace les chemins de sa création à venir.

Mais aujourd'hui, compte tenu du matraquage publicitaire, le peuple a-t-il encore réellement les moyens de juger?

Bien sûr, la bourgeoisie fait tout ce qui est en son pouvoir pour corrompre le génie populaire et abrutir les masses en leur administrant des sous-produits culturels qu'elle utilise comme calmants pour assoupir ce peuple qui travaille beaucoup et lui faire oublier la révolution. Mais je ne crois pas qu'elle puisse, longtemps, l'abuser.

Il y a un autre phénomène qu'il est intéressant de soulever : le rôle joué par le profit. Nous vivons dans un monde où l'intérêt est déterminant et face à une œuvre populaire, les capitalistes se trouvent confrontés à une alternative : gagner de l'argent en la diffusant mais en même temps propager un ferment révolutionnaire qui tôt ou tard mettra en question leurs privilèges, ou accepter de ne pas gagner d'argent afin de ne pas miner eux-mêmes leurs positions. Pour l'instant, le choix est fait : ils gagnent de l'argent. On peut même les pousser dans cette contradiction. Mon but n'étant pas de gagner de l'argent mais de faire en sorte que mon œuvre soit le plus largement diffusée, je demande aux fabricants de disques des droits d'auteur beaucoup plus faibles qu'il n'est de règle. Appâtés ainsi par le gain, ils ont envoyé mon œuvre dans les coins les plus reculés de la Grèce.

Je ne crois donc pas qu'il y ait de véritables difficultés à propager un art populaire dans les pays capitalistes, sauf lorsqu'une œuvre apparaît trop dangereuse. Je me demande, par exemple, si la chute des Beatles est véritablement due au hasard ou si elle n'a pas été provoquée quand les grands états-majors monopolistes ont compris que, par son génie musical, ce groupe anglais entraînait la jeunesse du monde entier sur une pente dangereuse pour la société bourgeoise.

Vous classez donc les Beatles parmi les créateurs populaires?

Ils ont donné à la jeunesse une culture qui lui manquait. D'abord, ils ont créé des chansons vraies, pleines d'inspiration et indéniablement issues de l'héritage populaire. Ensuite, ils avaient un talent certain et un véritable génie de la musique. Enfin, ils avaient une exécution formidable. Ils ont donc proposé une esthétique à la jeunesse qui en était dépourvue, et celle-ci en a conçu une immense fierté : elle avait, désormais, une musique à elle, une musique qui n'était pas une banalité. Donnez quelque chose de qualité au peuple et il en conçoit une fierté qui est un début de formation politique. Un peuple fier demande plus, est plus exigeant; il prend conscience de ses droits. Les Beatles ont pris une responsabilité politique en formant une jeunesse responsable. Quand on étudie les thèmes qu'ils ont développés dans leurs chansons, on peut relever une critique contre la religion, contre l'establishment, contre la guerre au Viêt-nam... Tout cela ne pouvait pas ne pas susciter un mouvement progressiste. Et c'est précisément pour cela qu'ils ont été attaqués par le gouvernement américain. Celui-ci a pris le prétexte d'une boutade lancée par l'un d'eux contre Dieu pour faire échouer leur tournée aux États-Unis.

Le même phénomène se retrouve avec Joan Baez qui a toujours eu de graves difficultés avec les autorités américaines, sous les prétextes les plus divers. Ou encore avec Bob Dylan qui, lui aussi, est un génie musical populaire en ce qu'il exprime, par une poésie et une musique remarquables, un mouvement de contestation contre le pouvoir des monopoles, lesquels, bien entendu, n'ont pas tardé à réagir en tentant de le neutraliser, comme ils l'ont fait avec le mouvement hippy : il s'agissait d'un mouvement de contestation du système que le pouvoir américain a complètement noyauté avec la drogue et la dépravation.

Les Beatles, Joan Baez, Bob Dylan, le mouvement hippy, et maintenant la pop'music, tous, cependant, étaient condamnés dès l'origine, parce que leurs créations ne reposaient pas sur une idéologie concrète, ne s'appuyaient pas sur une structure politique construite, pas plus que ce n'était le cas du mouvement français de 68. Il n'en reste pas moins vrai qu'avec Bob Dylan et les

Beatles, pour ne citer qu'eux, nous avons le commencement d'un art populaire. Et c'est en filiation directe qu'est né *Hair*, tragédie populaire contemporaine.

Les grands poètes tragiques de la Grèce antique construisaient leurs œuvres en traitant des mythes qui leur étaient proches auxquels ils ajoutaient les chansons dionysiaques. Les auteurs de *Hair*, eux aussi, ont utilisé les mythes de notre époque, les nègres, les pédés, le drapeau américain, le Viêt-nam, le haschisch, etc., tout ce qui bouleverse la jeunesse et c'est en y ajoutant la musique populaire qu'ils en ont fait une tragédie contemporaine extraordinaire. J'ai moi-même suivi une démarche analogue, en écrivant *la Chanson du frère mort*. J'ai utilisé les deux éléments de base de la tragédie athénienne : le mythe et la musique populaire. J'ai traité le mythe des temps modernes qui, pour les Grecs, est la guerre civile sous la forme de chansons populaires de notre époque.

Mais, dans le cas de *Hair* on retrouve encore les faiblesses que je soulignais, précédemment : l'absence de volonté politique réelle. Une fois encore, les artistes se sont arrêtés à mi-chemin, plutôt guidés par l'intuition que par l'idéologie. Il faudrait maintenant, sans perdre les origines populaires retrouvées, s'avancer vers la création d'œuvres de plus en plus structurées, de plus en plus ambitieuses, de plus en plus politiques qui expriment totalement l'âme populaire, qu'elle soit américaine, grecque ou de quelque nationalité que ce soit.

Comment expliquez-vous que, dans les pays de l'Est, la pop'music soit considérée comme une musique décadente, preuve de la décomposition du capitalisme?

Je ne pense pas que ce soit l'opinion de la jeunesse soviétique, du moins telle que je l'ai perçue lors de mes voyages là-bas. Le problème actuel des autorités socialistes est que la jeunesse est complètement subjuguée par la musique occidentale et en arrive à renier son propre passé musical. Quand je suis allé, en 1966, à l'université de Kazan qui compte près de soixante-dix mille inscrits, les étudiants ont organisé une fête en notre honneur. On nous a présenté trois orchestres. Le premier a joué du jazz style « Nouvelle-Orléans », le second, du jazz style « Sophisticated », le troisième, du jazz genre pop. Pas la moindre création autochtone. Et je me souviens qu'à l'occasion de ce même voyage on m'a demandé de faire une musique pour une nouvelle danse qu'ils venaient d'inventer, dans le style du syrtaki. J'ai refusé, c'était un véritable travail de laboratoire, coupé de toute réalité. C'est un peu comme la mode. Quand je portais un blue-jean à Moscou, en 1957, je ne sais combien de jeunes gens m'ont offert de l'acheter!

Mais un autre problème dans les pays socialistes me paraît grave. La société nouvelle a fait de son mieux pour les artistes en créant des unions au sein desquelles ils trouvent tout ce dont ils peuvent avoir besoin et par lesquelles ils contrôlent les salles de concert et de théâtre, les maisons d'édition, etc. Grâce à ces unions, un artiste n'a aucun problème matériel. Il peut vivre avec une aisance appréciable et s'il est populaire, s'il rencontre un grand succès, il peut avoir un appartement, la jouissance d'une, deux ou trois maisons à la campagne, à la montagne ou à la mer; s'il décide d'aller travailler quelques jours n'importe où, son voyage aller-retour sera gratuit pour lui et sa famille, et là, il disposera d'une maison, d'un piano et de tout ce dont il peut avoir besoin. Malheureusement, je constate que les artistes d'ici qui n'ont pas les mêmes facilités, qui sont beaucoup plus pauvres pour la plupart, sont nettement plus proches des masses que ne le sont les artistes des pays socialistes qui, à force de facilités, en arrivent à ne plus avoir d'esprit critique, à ne plus s'interroger. Et j'observe que dans ces pays où il y eut une abondance de génies, le niveau de la création est aujourd'hui faible. Évidemment, on peut expliquer cette dernière remarque par le fait que, comme en Occident, les jeunes les plus doués ont tendance à se diriger vers les sciences appliquées, vers la technologie et la technocratie les déesses de notre époque, que les jeunes Beethoven deviennent des physiciens. Mais j'ai tout de même l'impression que, dans les pays socialistes, la création artistique est malade.

Je distingue, personnellement, deux grandes catégories chez les musiciens socialistes contemporains : les artistes purs qui suivent le mouvement international et ceux qui font du folklore. Les premiers suscitent bien des interrogations dans leur démarche créatrice. Prenons Chostakovitch et Stravinski. Stravinski, qui n'était pas communiste, loin de là, qui a passé sa vie aux États-Unis, est beaucoup plus près de l'âme populaire; il a beaucoup mieux compris l'évolution de la musique populaire russe que Chostakovitch, en suivant la voie de l'École des Cinq et principalement Moussorgski. Chostakovitch, qui pourtant est lui aussi un génie, s'est enfermé dans la voie des symphonistes et des dodécaphonistes européens qui sont tout à fait en dehors de la tradition musicale russe.

Et cette tendance à suivre les musiciens de l'Ouest est quasi généralisée chez les compositeurs socialistes au détriment de leur propre tradition musicale, c'est-à-dire au détriment du dialogue qu'ils auraient pu susciter entre les masses et eux-mêmes.

La seconde catégorie rassemble ceux qui font du folklore. Mais en ce domaine je ne considère pas qu'il s'agisse véritablement de création. C'est de la recréation. On prend un matériel folklorique existant qu'on traite pour le mieux, mais sans rien lui apporter de neuf. C'est un art de musée et je ne suis pas persuadé qu'il soit tellement populaire. Pour que le folklore retrouve vie, il faudrait que de grands compositeurs, à partir des éléments légués par le passé et avec leur intuition d'artiste qui permet de sentir l'âme populaire, créent une nouvelle musique, de nouvelles danses, directement issues de la tradition autochtone mais douées de la dimension que notre époque nécessite. Or que je sache une œuvre comme celle-là n'existe pas. Il y a des œuvres tout à fait intellectuelles qui suivent la voie tracée par les artistes bourgeois sans qu'elle soit, un instant, remise en cause et la musique folklorique, la musique de musée. Aucune création originale qui soit à la fois dans l'esprit national et susceptible de concerner le peuple.

C'est un véritable constat d'échec, une condamnation du système artistique pratiqué dans les pays de l'Est?

C'est un échec, effectivement. Je crois qu'il est nécessaire de revenir à une relation simple entre l'artiste et le peuple. Et je ne crois pas que ce soit en établissant des définitions, en figeant un système artistique en dehors de l'intérêt populaire qu'on y arrivera. Certes, un art de laboratoire peut être utile. Il y a toujours la nécessité de renouveler le matériel sonore, la qualité du son, de dépasser les frontières tonales et de rechercher du côté de l'atonalisme, de l'asymphonisme... Dans tout art le domaine expérimental est nécessaire. Mais je n'accepte pas que ce domaine expérimental soit isolé. Les expériences doivent être faites pendant l'œuvre artistique, l'œuvre vivante, qui ne peut l'être que dans son contact avec le peuple. A chaque instant il faut donner le pouvoir au peuple. La démocratie est nécessaire aussi, dans l'art. Il faut rendre le pouvoir de décision au peuple.

Dans le même ordre d'idée, je ne puis accepter un système où les titres universitaires jouent un rôle déterminant. Je ne suis pas compositeur parce que j'ai fini le conservatoire et que j'ai un diplôme. Je ne suis pas musicien par la grâce d'un titre et dès lors, tranquille, payé pour faire une œuvre qui peut-être n'intéressera personne. Non. Il faut qu'à chaque instant, le compositeur, le poète, l'écrivain soit confronté au peuple qui est le véritable maître. C'est pour lui et lui seul qu'est créée l'œuvre. Si le peuple marche, alors l'artiste marche. Au contraire, si le peuple ne suit pas, l'artiste est renvoyé à sa création.

N'est-ce pas un peu dangereux comme position? Il y a tout de même eu un certain nombre de très grands artistes qui n'ont pas été reconnus par leurs contemporains? Faut-il donc les condamner?

C'est vrai que quelques-uns ont été méconnus de leur temps, mais il ne faut pas faire de cas particuliers une généralité. En musique, rares ont été les laissés-pour-compte et ceux qui l'ont été ont vécu, il faut le dire, des situations particulières.

Je crois qu'un artiste sincère n'aura jamais peur du peuple et que celui-là ne dédaignera jamais celui qui aura à cœur d'établir le dialogue. Seule une société socialiste garantira un réel dialogue entre le créateur et le peuple, un peuple mûr et en pleine possession de ses moyens qui dès lors sera le seul juge. Je ne puis accepter, en effet, que dans un système quel qu'il soit, il y ait des gens désignés pour découvrir ceux qu'on sacrera « génies » ou encore pour décerner des brevets de génie à des œuvres totalement fermées à la compréhension du plus grand nombre. Parce qu'alors qui critique le critique ? Qui le contrôle ? Pour moi, le problème se pose en termes clairs. On croit au peuple ou on n'y croit pas. On lui accorde confiance ou pas. Si le peuple est jugé digne de confiance, il doit recevoir tous les pouvoirs.

Il faut mettre fin au joug artistique que maintiennent encore quelques privilégiés. Si on revient à cette relation simple, créateur/peuple, sans intermédiaire ni médiateur, les artistes sauront reprendre les fils du dialogue interrompu il y a si longtemps. Et qu'on ne me dise pas que la création tombera, alors, dans la démagogie flatteuse. Nous savons, tous, que le peuple ne se laisse pas abuser aussi facilement. Et quand bien même cela devrait arriver, ce serait le luxe du système, mais un luxe bien parcimonieux. Aujourd'hui on constate que quelques individus doués mais surtout poussés par l'intérêt financier défraient la chronique, se montrent, s'agitent. Et puis, un jour, c'est fini, ils disparaissent. On n'entend plus parler d'eux.

A l'opposé, d'autres, peu connus, mais honnêtes, travaillent dans l'obscurité. Et ceux-là, leur renommée va grandissant avec le temps. Le temps, avec le peuple, est le grand juge de l'art. Le peuple a le temps. Il est le temps. C'est lui qui décide du contenu de l'héritage d'une civilisation. Ce qu'on appelle le filtrage du temps n'est rien d'autre que le filtrage populaire. Comme partout et toujours, le peuple est souverain.

Dès lors, comment expliquez-vous que dans les pays socialistes existent des « affaires » Siniavski, Daniel, Soljenitsyne?

Tenter d'expliquer ces « affaires », c'est sortir de la problématique de la culture pour entrer dans le domaine de la politique. Il est normal, je crois, que dans toute société, même socialiste, il y ait des divergences d'opinion. Il y a d'un côté le créateur qui veut être entendu et être libre de dire, d'écrire et de composer ce qu'il veut et de l'autre côté, le peuple qui a ses critères et ses peurs.

Je suis allé plusieurs fois en Union soviétique et j'y ai toujours constaté que le peuple était farouchement attaché au système qu'il s'est donné. Le système socialiste a été acquis après des luttes acharnées, révolution, guerre contre les nazis, guerre froide contre le camp capitaliste, etc., aussi les masses de ces pays ne prisent-elles pas tellement les critiques qui sont adressées au système avec lequel elles font corps.

L'analyse qui est faite du stalinisme aujourd'hui est très simpliste. Il est impossible, contrairement à ce qu'affirment certains, de comparer stalinisme et nazisme.

Nous sommes nombreux à le savoir. Il n'y a qu'à penser à notre propre expérience lorsque, après la défaite de ces mêmes nazis, nous avons reconquis un à un les quartiers d'Athènes. J'ai vu, personnellement, à ce moment-là, le terrorisme populaire, et il était terrible. Les bourgeois, les individus soupçonnés d'avoir collaboré ou de vouloir s'opposer au pouvoir populaire en savent quelque chose. Nous qui étions membres du Parti ou de l'armée populaire nous devions jouer les médiateurs, nous interposer et parfois être des sauveurs, face à la haine populaire. Un peuple qui, pendant des siècles, a été soumis à l'oppression d'une classe et qui retrouve soudain sa liberté, est terrible vis-à-vis de tout individu qu'il identifie à son ancien oppresseur. En Union soviétique, le terrorisme correspondait à un courant populaire. Les humiliés se vengent, enfin, de leurs souffrances. Alors, si la critique est nécessaire, elle n'est pas toujours bien acceptée et c'est normal. Dans cette optique, Soljenitsyne est allé très loin, trop loin peut-être. Dans un premier temps, il a écrit au sujet de sa détention, incriminant la politique de Staline. Très bien. Mais petit à petit il est allé de plus en plus loin c'est-à-dire jusqu'à s'attaquer à Lénine et à s'en prendre même à l'existence du système soviétique. C'est très grave surtout dans le contexte actuel. On connaît, en effet, les intérêts internationaux contre l'Union soviétique et on connaît particulièrement les méthodes d'action des Américains qui, en dépit de leurs dénégations, n'ont cure de venir en aide au peuple vivant en Union soviétique, mais bien plutôt poursuivent leur lutte pour détruire le socialisme, menace permanente pour leur hégémonie et leurs profits. On comprend, dès lors, pourquoi les Soviétiques sont toujours sur leurs gardes, même si parfois ils ont tendance à exagérer. Cela dit, on peut néanmoins penser que l'attitude du Parti est encore très marquée par le stalinisme.

Aujourd'hui, les idéologues du Parti ont toujours tendance à considérer les créateurs comme de simples propagandistes et surtout à avoir une grande défiance à l'égard des artistes qui sont considérés comme des gens dangereux en ce qu'ils sont très perméables aux idées et à l'idéologie impérialistes et bourgeoises. Dans la société socialiste, on attendait la fin de la contradiction qui oppose urbains et ruraux, comme celle qui oppose intellectuels et manuels, gens de l'esprit et gens de la production. Mais nous ne sommes toujours pas arrivés à ce stade-là. Je pense que cela tient à ce qu'a été abandonnée la grande idée qu'était la révolution culturelle.

La hantise du Parti est de voir les artistes se situer au-dessus d'eux. Je ne pense pas que ce soit là leur place. Le rôle des hommes de culture se situe à l'intérieur même des masses. Évidemment, l'âme du poète, l'âme du compositeur, l'âme de l'artiste, l'âme du peuple, que sont-elles, sinon une marche vers la liberté? Le créateur devient un porte-parole du désir et du besoin profond de liberté ressenti par la masse. L'antagonisme artiste/idéologue prouve que le régime est encore loin du but en ce qu'il exprime sa peur du peuple, à qui n'ont pas encore été conférés tous les pouvoirs comme cela avait été voulu par les héros de la révolution d'Octobre. Si le régime était sûr de lui et confiant, il laisserait le jugement du peuple s'exercer librement et c'est le peuple, non pas le Parti, qui jugerait Soljenitsyne. De quelle façon le peuple peut-il sanctionner l'artiste ? En n'achetant pas ses livres, en n'écoutant pas sa musique. L'artiste, alors, n'aurait plus que la solution de se taire ou de créer différemment sans que le Parti intervienne par des décisions autoritaires.

Quand on parle de révolution culturelle, on pense aussitôt à Mao Tsé-toung et à l'expérience chinoise. Qu'appelez-vous révolution culturelle ?

Entre ce que j'appelle révolution culturelle et l'expérience chinoise, il y a un certain nombre de similitudes, surtout un certain nombre d'inquiétudes communes. Jusqu'à présent, le socialisme a quasi mécaniquement suivi et respecté la voie tracée par les artistes bourgeois. C'est une erreur grossière qu'il convient de corriger. Toutefois, la société socialiste n'est pas sortie du néant. Elle est née de la société bourgeoise et en a reçu un héritage qu'elle ne peut pas et qu'il n'est pas souhaitable qu'elle refuse en bloc. Je trouve, par exemple, les critiques chinoises contre Beethoven, ou contre n'importe quel autre des grands compositeurs du passé, ridicules. Au contraire, il faut rendre grâce et vénérer au besoin les grands artistes qui ont contribué à notre culture, ce qui n'interdit pas, loin de là, de définir une autre voie plus proche de la nouvelle réalité, c'est-à-dire un art populaire et vivant.

Quant à ce qui se passe effectivement en Chine, aujourd'hui, les informations sont trop ténues pour qu'on puisse porter le moindre jugement de valeur. J'ai toutefois l'impression que tout là-bas se fait cérébralement, trop sûrement. Mao est un grand poète qui écrit pour huit cents millions de personnes. Je n'en connais pas le résultat, d'autant qu'il ne faut pas oublier que la civilisation chinoise, son esthétique, sa morale, sa sensibilité, n'ont rien de commun avec notre monde européen. Mais si l'on en reste aux principes, je ne puis que souscrire aux thèses maoïstes, selon lesquelles la révolution ne peut être complète sans que la culture soit elle-même remise en question, d'une part et d'autre part, que la révolution culturelle ne peut que reposer le problème des structures du Parti. Lorsque les dirigeants chinois ont constaté qu'il existait une contradiction entre le Parti tel qu'il existait et le monde réel, ils ont donné raison au monde réel, c'est-à-dire la culture vivante. Maintenant sur le plan pratique, il semble, pour autant qu'on puisse en juger, que le mécanisme mis en marche pour venir à bout de l'appareil n'ait abouti qu'au remplacement de celui-ci. Le Parti n'a fait que changer de têtes. Entre-temps, une dynamique artistique exprimant et faisant participer le peuple chinois est-elle née? Je ne sais pas. Je crains, plutôt, que la grande idée du départ ne soit restée qu'au stade de l'analyse, enlisée dans quelques idéogrammes sans que la révolution culturelle ait réellement eu lieu.

Qu'est-ce que la révolution culturelle? Ni une révolution dans la culture ni une révolution par la culture mais l'unité de la révolution et de la culture qui aboutira à la société de la Renaissance nationale. Je crois nécessaire de décrire autant que possible ce type de société dont nous rêvons. Ces « rêves » ne devant pas être aliénants pour les générations futures, celles qui l'édifieront, nous ne pouvons en donner que les lignes générales dont peut-être il ne subsistera, à l'arrivée, qu'une très petite part.

C'est pourquoi je crois inutile de se quereller maintenant pour des détails.

Organisée selon le schéma socialiste, cette société assurera à tous ses membres le plus haut degré de liberté : abolition du besoin grâce à la nouvelle organisation de la production; abolition du travail-esclavage[2] car les machines travailleront pour l'homme qui consacrera au maximum deux heures de son temps quotidien à la production; abolition du sous-développement spirituel car les connaissances seront accessibles à tous et chacun participera créativement à l'édification de la nouvelle pensée; abolition de l'irresponsabilité car chacun sera responsable et tous décideront de tout. Pour atteindre ces buts élevés, des changements révolutionnaires doivent être menés dans deux domaines. Premièrement dans le domaine économique et social, deuxièmement dans le domaine idéologique et culturel. La richesse nationale et les moyens de production passent par les mains du peuple tout entier mais parallèlement le peuple a déjà la maturité idéologique et culturelle nécessaire pour que tout ce qui passera entre ses mains lui permette d'aller de l'avant. Chacun et tous sont prêts à se consacrer à la culture spirituelle et artistique. En deux mots, la société de la Renaissance nationale est la société des philosophes et des poètes. Des hommes de science et des artistes.

Dans la société de la Renaissance nationale, le mouvement culturel des masses unit ses membres autour de la recherche commune de buts politiques, spirituels et artistiques élevés. A tous les niveaux, chacun a l'initiative et la responsabilité du choix des systèmes qui déterminent

---

2. En grec, travail : *douliá;* esclavage : *doulía.*

les relations du groupe et des groupes entre eux pour assurer le « contenu » de cette progression. Ainsi, le mouvement de masse est toujours prêt à défendre les conquêtes communes : la Patrie, la Démocratie, la Paix, le Socialisme et la Liberté, avec un sentiment aussi nationaliste qu'humanitaire-internationaliste. Au sein de la lutte collective, la conscience s'aiguise, s'illumine et grandit; elle est capable d'embraser le milieu social tout entier et, au-delà, le milieu historique tout entier; elle est baignée, à chaque instant, des cataractes multicolores du Beau et du Vrai. L'homme, ainsi, arrive à sa plénitude sans ce caractère solitaire et coupé du monde. Il n'existe pas, en effet, de plus grande joie que le sentiment d'être uni avec son voisin et avec le monde entier par les mêmes idéaux politiques, moraux et spirituels.

Ce mouvement de masse plein de maturité, responsable, toujours bien informé, toujours en mouvement et en renouvellement détient la première et unique responsabilité, impose son pouvoir à l'école, à l'usine, dans le magasin, à l'armée, dans le quartier, le village, la commune, et l'État... En d'autres termes, il s'identifie au mouvement politique.

Dans notre pays, la grande tradition culturelle, artistique et populaire, tout comme les évolutions sociales et historiques concrètes, ont établi les bases du mouvement culturel de masse. Mille et une manifestations, de 1821 aux événements de Polytechnique, ont montré quel est le rôle de la culture combattante. Notre peuple, réellement, chante et combat. En disant qu'il chante nous sous-entendons qu'il rêve, réfléchit, qu'il croit et cherche à atteindre des buts élevés et lumineux. Dès qu'il est conquis par un nouvel idéal, il se transforme en un buisson ardent et devient, alors, une puissance qui façonne l'histoire. En attendant la société de la Renaissance nationale, nous devrons continuer à assister aux flux et reflux du mouvement progressiste. Le cheminement de celui-ci ressemble au mouvement des vagues. La route du progrès, la route historique n'est pas rectiligne mais remuante comme le sont les vagues. Elle oscille d'avant en arrière et de bas en haut. Chaque fois que le mouvement progressiste subit une défaite, les forces réactionnaires gagnent du terrain. Mais dans ce recul se trouve le ferment des victoires populaires à venir. Parfois les sacrifices d'une révolution prématurée propagent largement et profondément l'idée révolutionnaire. Commune de Paris, révolution russe de 1905, Unité populaire du Chili d'Allende... Il ne faut jamais se hâter de considérer une défaite populaire comme définitive puisque, l'histoire l'a démontré, les échecs aboutissent à des victoires finales.

En fait, l'artiste qui recueille la substance populaire pour l'exprimer sous la forme d'œuvres avant d'être sanctionné par le peuple lui-même, peut, s'il est talentueux, devenir un démiurge? S'arroger progressivement un rôle politique de premier ordre?

Les artistes, même s'ils n'en ont pas toujours eu conscience, ont toujours joué un rôle important auprès du peuple. Aujourd'hui que les masses reprennent conscience de leurs devoirs et de leurs droits civiques et politiques, l'artiste est, plus que jamais, chargé d'un rôle politique. Mais qu'on s'entende bien sur le sens de ce rôle politique. L'homme de l'art qui a un grand rayonnement influence le peuple, participe à son éducation, lui ouvre des voies et le galvanise, éventuellement. Il s'agit donc d'un rôle politique très large, à long, à moyen et à court terme et l'artiste ne doit jamais perdre de vue ses responsabilités. S'il n'en a pas conscience, il risque alors de se laisser piéger, de se laisser manipuler et de la sorte d'aller contre les intérêts populaires.

Chaque individu a le droit et le devoir d'avoir des opinions politiques, de les exprimer et de se battre pour elles. L'artiste, comme les autres, et peut-être plus que les autres, dans la mesure où il joue un rôle de locomotive. Dans l'ancienne Athènes, celui qui refusait de prendre part à la vie politique était condamné à l'exil. Mais il s'agissait alors d'une société mûre et responsable que nous devrions avoir pour modèle. L'art sans conscience politique n'existe pas. La culture est un des ferments de la révolution, de la marche inexorable vers la liberté, la démocratie, et la prise de pouvoir par le peuple. Voilà pourquoi elle fait tellement peur aux classes possédantes.

Certains vous accusent d'être un artiste naïf, de rameuter les masses par la musique pour les entraîner, ensuite, vers des leurres politiques. C'est une façon de dénier un rôle politique à l'artiste?

Peut-être ai-je, effectivement, commis des erreurs dans certaines de mes analyses politiques. Mais qui n'en a pas commis? J'ai, du moins, l'avantage de le reconnaître. Maintenant, qu'on me taxe de naïveté, je ne suis pas d'accord. Je ne suis pas naïf. Ce n'est pas naïvement que je me bats depuis trente-cinq ans au sein du mouvement progressiste, que j'ai participé à des milliers d'heures de réunion, écouté des milliers de discours, prononcé des milliers d'autres, que j'ai vécu en clandestinité, que j'ai été arrêté dix fois, mis en prison, battu, torturé, déporté, exilé, que j'ai été élu député, président de la plus grande organisation de jeunes de la Grèce, que j'ai lancé le premier appel à la résistance dont je suis devenu le président. Si c'est là être naïf et versatile, alors je ne comprends plus rien.

L'artiste a, sur le politicien, l'avantage de l'intuition qui naît de son contact direct et permanent avec le peuple dont il devient, naturellement, le porte-parole. Nous touchons à une contradiction inhérente aux structures des appareils politiques de gauche, du moins tant que la révolution culturelle n'aura pas été reconnue comme élément primordial à toute quête de socialisme. Pour la plupart des hommes d'appareil, la culture reste un amusement réservé au temps des loisirs quand elle n'est pas seulement confinée dans un rôle de propagande. La culture, en vérité, est un art de vivre, c'est la vie quotidienne, même si sa dominante doit être ludique. L'artiste n'est pas un amuseur, il a droit au même statut que l'économiste, le scientifique ou le philosophe. Mais les cadres politiques professionnels n'aiment pas beaucoup partager ce qu'ils considèrent comme leur chasse personnelle. Or, comment l'artiste ne serait-il pas leader politique quand le peuple lui-même l'a porté au rang de leader? Pablo Neruda, Aragon, Sartre et les autres, ne sont-ils que poètes ou philosophes? N'ont-ils pas aussi un rôle politique de premier ordre?

Quel doit être, selon vous, l'objectif numéro un du mouvement culturel grec?

Nous sommes nombreux, aujourd'hui, à nous préoccuper de demain. Nous pensons que le mouvement populaire et révolutionnaire grec a sa propre idéologie et son âme propre. Notre objectif, désormais, est la renaissance nationale par le socialisme. Le socialisme est l'étape nécessaire pour atteindre cette renaissance nationale qui est l'épanouissement de toutes les forces créatrices du peuple grecs, dans la pensée, dans la philosophie, dans les sciences et dans l'art. Ainsi pourrons-nous transformer la Grèce en un immense lieu privilégié dans lequel chaque individu pourra participer à la création d'une nouvelle civilisation. La civilisation est l'âme de tout mouvement révolutionnaire.

Nous sommes convaincus que sans profondes transformations sociales nous ne pourrons atteindre cet objectif et qu'il est nécessaire de passer par l'organisation politique, idéologique et syndicale. Mais en même temps, nous estimons que la culture est un élément révolutionnaire au même titre que la politisation des masses. Tout cela ne fait qu'un. Il n'y a pas de frontières entre lutte politique et lutte culturelle. Cela est, pour nous, d'autant plus vrai que notre pays entre dans le système de la société de consommation, c'est-à-dire s'expose à être beaucoup plus dépendant des monopoles internationaux qu'il ne le fut jamais et ce n'est pas peu dire. Si nous laissons les dollars succéder aux colonels, nous nous retrouverons dans la situation que vit, aujourd'hui, l'Europe de l'ouest. En Europe, ce ne sont pas les colonels qui règnent mais les monopoles et les capitaux qui avec leur pouvoir imposent leur idéologie et leur culture. Nous devons nous préparer à cette offensive en même temps que nous devons construire une société socialiste, à plus long terme. Mais nous avons un avantage par rapport aux autres pays européens, c'est d'avoir une musique populaire vivante, une culture populaire vivante. Il ne faut pas les perdre. Nous n'avons pas le droit de laisser s'abâtardir ni mourir un trésor aussi précieux.

Cette musique populaire vivante, quelle est-elle?

Une première précaution s'impose, qui ne serait pas nécessaire en Grèce : la musique populaire ne signifie pas le « tube » artificiel, facile et démagogique qui est fabriqué par les marchands. Il s'agit de tout autre chose. Pour les Grecs, la musique, et en particulier la chanson, dépasse les limites d'un patrimoine de musée pour être une réalité vivante. Elle est un des fondements de notre civilisation et comme tout élément essentiel, de très haute qualité. Mais ce qui en fait l'originalité c'est qu'elle continue à vivre, à évoluer. Schématiquement, nous avons deux formes principales de musique populaire : la musique démotique, que l'on pourrait appeler folk-music, c'est celle de la campagne et des îles, aux accents rudes et aux rythmes de danses paysannes; l'autre, la musique laïque, plus couramment appelée populaire, qui est celle des villes, donc récente et dont l'un des fleurons est le bouzouki. A celles-ci s'en ajoute une autre, la musique liturgique qui, au-delà de son caractère religieux, est très populaire.

Et votre apport, à cette musique populaire, comment le définiriez-vous?

Je pense qu'il se situe à deux niveaux. Le premier a été ma réponse à une constatation simple : si le chant populaire grec a toujours été de très haute qualité quant à la mélodie, le texte en était devenu, progressivement, très bâtard, ne dépassant guère le niveau intellectuel de celui de la chansonnette, ce qui était tout à fait aberrant quand on connaît la qualité de notre poésie! Je crois que j'ai été le premier musicien grec contemporain à réunir musique et poésie. C'était en 1959, lorsque j'ai composé mon premier cycle de chansons sur un poème de Yannis Ritsos, *Epitaphios*. C'était, de ma part, un véritable pari. J'étais convaincu de la justesse de ma démarche mais restait à savoir si cette tentative pouvait éveiller une quelconque résonance dans les masses. Le résultat ne s'est pas fait attendre, comme si le peuple était impatient d'avoir enfin des textes qui soient de qualité égale à celle des mélodies. *Epitaphios* est devenu une œuvre très populaire, alors pourtant qu'elle ne peut pas être, loin de là, cataloguée comme « facile ». C'était le début d'une renaissance de la chanson grecque. En même temps cette chanson redevenait une arme de lutte populaire, grâce à des textes qui, pour être de très haute qualité littéraire, hommages à la beauté, à l'amour, la tendresse, n'en sont pas moins des appels à la lutte pour la liberté. Nos dictateurs ne s'y sont pas trompés. Ils ont purement et simplement interdit ce type de chansons beaucoup trop dangereuses pour eux et lui ont préféré la chansonnette insipide et lénifiante. Le texte est essentiel dans la chanson populaire. Mais je vais même beaucoup plus loin. Dans le domaine de ce que j'appelle la musique métasymphonique[3], je considère que l'accent doit être mis sur le texte, la musique ne venant que dans un second temps. A partir du moment où l'artiste entame un dialogue responsable avec les masses, où celles-ci se sentent enfin reconnues comme adultes, la médiocrité n'a plus sa place. En outre, je suis persuadé, et tout observateur honnête me suivra dans ce sens, que les masses ont besoin de repères logiques et concrets. Je veux dire qu'au-delà de leur perception esthétique et affective, les masses veulent comprendre rationnellement le sens d'une œuvre. Le texte devient donc essentiel, à moins qu'il n'y ait un autre support concret tel que l'image au cinéma ou encore les figures dans un ballet. C'est pourquoi j'affirme que dans la nouvelle musique populaire, la musique métasymphonique, l'accent doit être mis sur le texte, la musique n'intervenant que dans un second temps, comme pour le magnifier et le renforcer.

Je pense, également, que mon apport à la musique populaire grecque se situe à un autre niveau, qui est, lui, plus nettement musical. A une époque où les gens ont désappris l'usage des instruments de musique, où la musique elle-même a été enfermée dans le faux dilemme, à savoir, être soit le luxe d'une classe de privilégiés, soit le générateur de profits manœuvré par quelques puissants, il me semblait important de lui rendre ses lettres de noblesse, je veux dire son rôle éminemment formateur

---

3. « Par ce terme de métasymphonique, c'était moins la différence chronologique par rapport à la musique symphonique que j'entendais mettre en évidence que la différence qualitative qui existe entre la musique occidentale et la musique néo-hellénique. » *Culture et dimensions politiques*, Éd. Flammarion.

des masses. Et ceci, par le seul miracle de la musique. Pour cela, il m'est apparu que plus que la forme et les divers « trucs », il fallait, coûte que coûte, retrouver et rendre sa place à la mélodie, l'âme authentique de la musique.

C'est par la mélodie que s'est toujours affirmé et exprimé le génie musical des peuples, et si la création de notre époque se caractérise par le refus de cette vérité, c'est parce que des auteurs ont choisi de s'adresser à d'autres qu'aux masses. Il s'agit même là d'un phénomène assez ahurissant : depuis quelques décennies on assiste à un étonnant mouvement qui semble s'acharner à devenir de plus en plus abscons, à se fermer à de plus en plus de gens. Faut-il en conclure que la majorité, grossie à chaque nouvelle création de ces musiciens, est en pleine dégénérescence, qu'elle a amorcé un recul qui lui interdit toute compréhension? Ou bien faut-il comprendre que la musique pratiquée par ces quelques compositeurs est, elle, en pleine dégénérescence, isolée chaque jour un peu plus, au fur et à mesure qu'elle s'enferme dans l'impasse qui est la sienne?

La mélodie est l'œuvre de la sensibilité mise à nu, restituée à l'état originel. La musique démotique grecque est riche d'innombrables mélodies que soutient un rythme, le plus souvent un rythme de danse, mélodies et rythmes qui au cours des époques, ont évolué, se sont transformés. Je me suis donc situé dans ce mouvement authentique qui en était arrivé à se tarir, à force d'avoir été dévoyé par les fabricants sans génie. Pourtant, nous disposions, et nous disposons toujours, d'une source fantastique qui est notre monde mélodique, extraordinairement riche. En retrouvant la voie de la création authentique, je veux dire, celle de la mélodie, je n'ai eu de cesse d'exprimer le peuple grec et l'époque qui est la nôtre, ses souffrances, ses joies, ses illusions et ses désillusions. En faisant de la sorte, j'ai redonné vie à ce courant de musique populaire et depuis, quelques jeunes compositeurs suivent un chemin identique.

Avez-vous suivi, dans votre œuvre, une démarche pédagogique? Maintenant que vous avez recréé le dialogue entre les masses et vous, passez-vous à un niveau de création plus complexe?

Le mot pédagogique est un mot un peu sec qui nous entraînerait trop loin. Toutefois, je pense que l'art contient, en soi, une pédagogie, ce qui ne m'empêche pas de considérer qu'il doit rester un amusement. L'art est un plaisir. C'est par la porte du plaisir qu'on approche l'art.

En tant que créateur, mon ambition est d'aller toujours plus loin dans la recherche de formes nouvelles, mais en même temps je suis très sensible aux réactions du public. J'ai commencé mon dialogue avec les masses par la chanson, forme peu intimidante parce que parfaitement acceptée par le plus grand nombre. Ensuite, je suis passé au stade plus ambitieux qu'est le cycle, qui se caractérise par une unité thématique, tant du point de vue poétique que du point de vue musical. Enfin, je suis arrivé à l'oratorio populaire. Cette forme de composition qui peut paraître difficile est en réalité tout à fait accessible grâce à la présence du texte (je le disais, l'imagination populaire est immense, mais l'abstrait la rebute encore), d'un choral, de solistes et surtout d'instruments populaires. Je dois dire, toutefois, que pour le premier oratorio populaire que j'ai écrit, *Axion Esti,* sur un poème d'Odysseus Elytis, j'ai attendu quatre ans avant de l'exécuter publiquement. J'attendais que les cycles de chansons soient parfaitement acceptés, que le public populaire se les soit totalement appropriés. C'est aujourd'hui chose faite et ma dernière composition, *le Chant général,* nouvel oratorio populaire dont l'ossature est le poème de Pablo Neruda, est reçue sans aucune difficulté par les masses grecques.

Si le peuple assimile ce que je lui offre, s'il s'identifie avec l'œuvre que je lui propose, alors je sais que je peux aller plus loin. Et aujourd'hui je suis persuadé qu'en Grèce on peut brûler les étapes et créer des œuvres métasymphoniques avec des structures très ambitieuses qui, non seulement seront comprises par le peuple, mais encore, adoptées par celui-ci.

Après une série d'exécutions triomphales, vous venez de décider d'arrêter les concerts populaires. Que faut-il en conclure?

Mon désir, aujourd'hui, est de repartir de zéro. Déjà, en 1967, je pensais que le cycle des concerts populaires avec une formation d'une quinzaine de musiciens (bouzouki, baglama[4], guitares, piano, percussions et chanteurs) avait rempli sa mission. Déjà, j'avais donc commencé à jeter les bases d'un nouveau type de concerts

---

4. Baglama : petit bouzouki.

qui alors se feraient avec un orchestre symphonique, une chorale, tout en conservant, bien sûr, une perspective de musique populaire. C'était l'avènement, dans mon esprit, de l'oratorio populaire. Avec l'aide du Centre culturel et de la mairie du Pirée qui avaient mis à notre disposition un cadre, un orchestre symphonique, une chorale mixte, un orchestre populaire, nous avions déjà organisé une série de concerts centrés autour de l'oratorio. Il ne s'agissait pas seulement d'*Axion Esti*. J'avais l'intention de consacrer la deuxième semaine du Festival du Lycabette à l'oratorio populaire grec, à la musique métasymphonique. C'est dans cet esprit que j'avais commandé à de jeunes compositeurs des œuvres présentant les principaux caractères de l'oratorio populaire, c'est-à-dire des œuvres utilisant des instruments populaires mais conçues avec des développements symphoniques qui tiennent compte de la réalité populaire, c'est-à-dire métasymphoniques. Ces manifestations prévues sur le Lycabette devaient avoir lieu, en principe, pendant l'été 1967. La dictature a bouleversé tous nos plans.

Quand j'étais en exil, j'ai repris le cycle des concerts populaires dans le but d'aider la lutte de notre peuple pour la démocratie. Quand je suis rentré, c'était le chaos. Après ma défaite aux élections, j'ai repris le chemin de l'exil, j'ai recommencé les concerts populaires. Cette fois, c'était en partie pour m'éloigner momentanément de la réalité grecque, et y voir plus clair, mais surtout pour mobiliser l'opinion européenne autour de la tragédie cypriote. Enfin, quand je suis rentré, j'ai considéré comme un devoir de faire le tour de la Grèce. Je le devais au peuple et à la musique, et j'avais besoin de reprendre contact avec la réalité de voir le plus clairement possible ce qu'il fallait faire dans le domaine de la musique et surtout dans celui de la politique. Cette tournée s'est achevée à Chypre. C'est un symbole. J'avais commencé les concerts à Éleusis, en 1959, j'ai fini à Chypre, en 1975, qui est une blessure ouverte, une plaie dans *Ti Romiossini*, la grécité. Maintenant, après un an de liberté, je constate qu'il faut, encore une fois, que je me consacre à la lutte politique. Après l'exécution du *Chant général* de Pablo Neruda, à Athènes, Patras et Salonique en août, je vais me replonger dans l'activité politique. Je crois que maintenant est arrivée l'heure de la gauche. Certains, déjà, ont cru bon de créer leur propre parti, les communistes ont éclaté en deux familles antagonistes et les groupuscules révolutionnaires ou réformistes ne se comptent plus. Mais la réalité a prouvé que la Grèce a besoin, aujourd'hui, d'une organisation véritablement progressiste, parce que je crois plus que jamais qu'il existe chez nous un mouvement de masse, beaucoup plus éclairé, mûr et conscient qu'auparavant. Mais il faut chaque jour tâter la réalité. C'est pourquoi, dès septembre, je vais reprendre le pouls de la Grèce, mais cette fois-ci en ayant un dialogue direct, sans musique.

Ce sera une nouvelle étape. Mais en faisant de la politique, je penserai à la musique. Et peut-être reviendrai-je à la musique avec des nouvelles idées.

Pouvez-vous d'ores et déjà préciser ce que seront ces « nouvelles idées »?

Je n'en ai que l'intuition. Il est encore trop tôt pour en parler. Il faut dire que la réalité musicale grecque a complètement changé et je ne puis déjà dire si c'est mauvais ou bénéfique. Je me contente de constater que quelque chose a changé.

Vous pensez que ce changement tient à la dictature ou bien simplement au temps qui passe?

Je crois que j'y suis d'autant plus sensible que j'ai été éloigné de mon pays pendant sept ans. Il est sûr que si j'étais resté en Grèce, même pendant la dictature, les choses se seraient passées autrement. J'ai tout de même perdu contact pendant sept ans. Les seuls rapports que j'avais étaient lointains, imaginaires, idéaux. Ils n'étaient pas physiques. Entre-temps, il y a eu des compositeurs, des courants esthétiques, idéologiques qui me sont restés étrangers, mais que la télévision a largement propagés, certains étant fortement encouragés par la dictature. Le public a donc évolué. Si je peux me permettre une critique, je dirai qu'il y a eu une influence pernicieuse. Avec nous, il y avait encore une certaine virginité dans la musique. Aujourd'hui, c'est fini. Est-ce bien, est-ce mauvais? Je ne me prononcerai pas. Ce qui est certain c'est qu'il est maintenant nécessaire de reprendre le dialogue.

Pour reprendre le contact avec la réalité politique, j'avais besoin de faire le tour musical de la Grèce. Je l'ai fait d'avril à juillet. Aujourd'hui pour reprendre le contact musical, je dois faire le tour politique de mon pays, sans concert.

VII

LE VRAI SOCIALISME

>Des pensées gigantesques
>Comme des nuées de feu ou des îles empourprées
>dans un couchant fabuleux
>s'embrasaient dans mon esprit
>et toute ma vie brûlait d'un seul coup
>dans le souci de ta Liberté nouvelle, ô Grèce.
>
>> *La Marche de l'Esprit* d'Angelos Sikelianos; mis en musique par Mikis Théodorakis dans le cycle *Arcadie V* en février 1969.

23 juillet 1975. La bataille fait rage dans le centre d'Athènes : barricades, incendies, cocktails Molotov, grenades lacrymogènes, voitures de police blindées, blessés par balle... les heurts vont durer quatorze heures.

Au matin, quatre mille ouvriers du bâtiment défilaient dans le calme pour appuyer leurs revendications salariales quand, au cours d'un face-à-face avec la police et d'une discussion au sujet de l'itinéraire à suivre, un groupe de manifestants charge les forces de l'ordre qui se replient, surprises, avant de riposter très violemment. Ensuite, c'est l'engrenage, mais un engrenage qui, avec le temps, apparaîtra programmé. Pendant quatorze heures, les heurts se succèdent. La place Omonia, l'avenue du Stade, celle de l'Académie, etc., sont noyées dans le brouillard opaque des gaz lacrymogènes mêlé à la fumée des voitures et des barricades qui brûlent. Jusque tard dans la nuit, les voitures blindées de la police (petits chars d'où émergent trois casques blancs, le chauffeur et deux lanceurs de grenades) tournent sans répit, attaquant tout groupe qui tente de se former, ne s'arrêtant que pour faire le plein de munitions et d'essence. Apparemment, des motos assurent la liaison des commandos de manifestants, peu nombreux en réalité.

Pendant toute la matinée, Athènes connaît la panique : pour les uns « les communistes sont passés à l'attaque », pour les autres « les fascistes recommencent ».

Parmi les personnes interpellées, des ouvriers du bâtiment et des étudiants, militants ou sympathisants d'extrême gauche, mais aussi d'anciens membres de la police militaire (E.S.A.) de la Junte dont certains sont, de ce fait, sous le coup d'une inculpation.

Déjà, depuis deux jours, au tribunal militaire, vingt et un officiers répondent de leur tentative de coup d'État, le 24 février 1975. Dans cinq jours vont commencer, devant la Cour suprême, les procès de vingt-quatre des principaux acteurs du coup d'État du 21 avril 1967.

Mais surtout, aujourd'hui et demain, 23 et 24 juillet, la Grèce fête le premier anniversaire du rétablissement de la démocratie. D'ores et déjà, le P.A.S.O.K., d'Andréas Papandréou, le parti communiste « de l'intérieur », de Ch. Dracopoulos, le parti communiste « de l'extérieur », de C. Florakis, ainsi que les mouvements d'extrême gauche ont annoncé qu'ils ne s'associeraient pas aux cérémonies gouvernementales marquant ainsi leur opposition à la politique de l'équipe de Caramanlis, tout particulièrement en ce qui concerne la « déjuntaison » jugée timorée et insuffisante. Seule, l'E.D.A., recréée voilà quelques jours, assistera aux festivités et discours officiels. Dans la délégation de celle-ci, Mikis Théodorakis :

J'y suis allé parce que j'ai combattu pour la démocratie,

parce que je crois que la démocratie est encore en danger et que le seul moyen de la consolider est l'unité du peuple tout entier. C'est un million de Grecs qui auraient dû venir, aujourd'hui, en réponse à la provocation des éléments de la Junte encore présent à l'intérieur et à l'extérieur des mécanismes d'État.

Trois mois ont passé depuis la soirée amère et solitaire de Salonique. Les contacts, les rencontres, les réunions se sont succédé d'où a rejailli l'E.D.A. Mikis Théodorakis, membre élu de son comité exécutif, n'y est pas étranger.

La plupart d'entre nous ont combattu, dans le passé, dans les rangs du parti communiste. Aujourd'hui, il en existe deux. Pourquoi refusons-nous d'entrer dans les rangs de l'un ou de l'autre? Pour quelles raisons avons-nous uni nos forces au sein de l'E.D.A.? Est-ce une simple ambition personnelle? Est-ce un compromis? Est-ce l'abandon de nos idéaux politiques? Je ne pense pas que nous devions mener la discussion à un niveau aussi bas, réservé à ceux qui n'ont pas d'argument et se livrent à des attaques d'ordre personnel. Bien sûr, la tactique de la calomnie est efficace, surtout parmi la jeunesse enflammée, mais cette efficacité n'a qu'un temps. Quand on est pur et fidèle à ses principes, justice, un jour, vous est rendue. Le révolutionnaire conséquent doit s'intéresser, avant toute autre chose, au peuple, même si cela peut, à un certain moment, porter tort à son parti. Les exemples abondent. Je n'en choisirai qu'un seul : l'attitude du parti communiste français en mai 1968.

En mai 1968, le P.C.F. fut le seul parti qui ait refusé

de se laisser entraîner par le mouvement soi-disant révolutionnaire des étudiants du quartier Latin. Et même lorsque s'est étendu à la France entière un climat prétendument révolutionnaire, les communistes français ont réagi décisivement. Pourquoi? Parce qu'ils étaient convaincus que, malgré le trouble profond qui secouait la France, le pouvoir n'était pas réellement en crise. Bien au contraire : il avait le contrôle absolu des appuis dynamiques de l'État et exerçait encore une profonde influence sur de larges couches sociales. En face, le peuple français n'était ni idéologiquement préparé, ni matériellement organisé pour passer à l'attaque générale révolutionnaire. Ne pas le reconnaître aurait eu pour conséquence de briser les forces populaires.

Rappelons-nous, maintenant, la boue dont on a couvert le P.C.F. Combien de fois l'a-t-on accusé de compromis, d'être à la traîne de la bourgeoisie, de trahir le mouvement ouvrier? Le temps a passé. Les accusateurs se sont lassés, ont changé de vie pour rentrer, peu à peu, dans le système. La vie a rendu justice au P.C.F. Le peuple a appris que de Gaulle préparait méthodiquement sa contre-attaque et qu'il était prêt, si les communistes étaient entrés dans le mouvement, à frapper au moyen d'unités spéciales venues d'Allemagne.

La véritable révolution n'est pas une question de simple fièvre sociale. C'est un événement historique transcendant. Pour nous, les vétérans du combat politique, il n'existe pas de crise du pouvoir dans la Grèce de 1975. Au contraire, la crise se trouve au sein de l'opposition. Notre but final est de changer la loi de base de la société contemporaine et de la société du Moi (propriété privée) faire la société du Nous (socialisation des moyens de production). Cinquante ans de socialisme appliqué nous ont montré que la nationalisation des moyens de production, les mesures économiques et les transformations sociales n'étaient qu'un aspect du problème. L'autre, le facteur humain pourtant déterminant est sous-estimé. Nous nous trouvons, aujourd'hui, devant deux entités, l'avant-garde et les masses laborieuses. La première s'est laissé lier aux mécanismes du pouvoir; elle a monopolisé l'idéologie, la philosophie, l'analyse sociale et l'esthétique; elle est devenue une nouvelle classe de technocrates idéalistes dont le but est de gouverner la seconde. De la maternité au cimetière en passant par la maison, l'école, le travail, la pensée et le mode de pensée, ce nouveau pouvoir accompagne le citoyen. Il le prend gentiment par la main et le conduit. C'est un premier problème. Lorsque la loi de base de la société bourgeoise sera abolie, qui sera le propriétaire, c'est-à-dire le décisionnaire? Lénine a répondu : le Parti, émanation de l'avant-garde du prolétariat dont la mission historique est de conduire le reste de la société au changement socialiste. En d'autres termes, la domination d'une classe sur toutes les autres, avec le Parti pour guide et détenteur du pouvoir exécutif, est la règle. C'est là que se manifeste notre premier désaccord avec les P.C.

Nous constatons que la classe ouvrière grecque ne se différencie pas qualitativement des autres couches de la société. En outre, elle n'est pas assez mûre pour jouer un rôle déterminant dans la procédure d'une nouvelle production. Enfin, il est impossible de dire qu'historiquement la classe ouvrière grecque, dans son ensemble, ait joué un rôle plus révolutionnaire au cours des événements contemporains que les paysans ou les couches moyennes. Faire de la classe ouvrière une force d'avant-garde est sans fondement historique et, surtout, brise le front commun, la vaste alliance de tous les travailleurs qui, seule, garantira l'édification d'un vrai socialisme.

Une autre divergence est la « forme du pouvoir ». L'évolution des sociétés contemporaines nous a amenés à de nouveaux modèles variables d'un pays à l'autre bien que le rapport capital/travail demeure. Certains P.C., comme par exemple ceux de France, d'Italie ou d'Espagne, ont été amenés par la vie à admettre le changement dans les cadres bourgeois, ce qu'on appelle si dédaigneusement le « révisionnisme ». Les communistes italiens, menés au seuil du pouvoir par le dernier vote, ont depuis longtemps déclaré leur foi dans le principe de la très vaste alliance politique. Le « compromis historique », la collaboration de la gauche avec la démocratie chrétienne, est jugé par le P.C.I. comme un stade historique nécessaire. L'Union de la gauche des communistes et socialistes français vise d'abord à des changements quantitatifs et qualitatifs dans le cadre existant. Santiago Carrillo et le P.C. espagnol ont des opinions semblables sinon plus étendues. Les trois P.C. les plus importants d'Europe sont-ils devenus social-démocrates? Non. Une véritable société socialiste ne pourra être construite que par l'alliance de tous les travailleurs, de tous les hommes au-delà des clivages créés par le concept passéiste de la lutte des classes. Les nouvelles conditions de production ont fait naître un nouveau prolétariat au sein duquel coexistent de nombreuses classes et couches sociales oppo-

LE VRAI SOCIALISME

sées au capitalisme et de plus en plus attachées au socialisme.

Il est historiquement prouvé que, mis à part le Sud-Viêt-nam où les conditions étaient particulières du fait de la présence de la partie nord, les deux grandes révolutions d'après-guerre ont eu lieu là où les P.C. étaient restés en marge. C'est-à-dire à Cuba et en Algérie. Par contre, les mouvements auxquels les partis communistes ont pris part, la Grèce, l'Indonésie, le Venezuela et le Chili, ont été brisés par les oligarchies nationales soutenues par les U.S.A. et sans recevoir la moindre aide substantielle de la part de l'Internationale : à la tête de celle-ci se trouvent des partis chargés de responsabilités d'État qui ne peuvent risquer une confrontation ouverte avec l'impérialisme même par solidarité avec les communistes grecs, espagnols, chiliens, etc. Aujourd'hui, au Portugal où les communistes, forts d'appuis au sein de l'armée, visent à des changements révolutionnaires, nous sommes face à une crise profonde et de sombres perspectives.

Pourquoi donc cet attachement dogmatique à une formule théorique et sans contenu puisque la pratique montre qu'elle ne sert à rien? Au contraire, la vie et l'expérience historique prouvent qu'un mouvement populaire peut espérer réussir s'il est absolument indépendant, politiquement et organisationellement, c'est-à-dire s'il s'appuie sur le peuple tout entier. Ce n'est que de la sorte qu'il pourra espérer recevoir l'aide effective de toutes les forces progressistes du monde.

Nous nous considérons comme les véritables communistes d'aujourd'hui et de demain si l'on admet que le communisme est le système social qui harmonise le mieux les rapports entre les hommes et assure le degré de liberté le plus élevé à tous, indépendamment de la nationalité, du sexe, de l'origine et des capacités de chacun.

Nous croyons que tout communiste vivant doit adapter la théorie marxiste à la réalité sociale et internationale contemporaine.

Nous estimons que le parti du changement véritablement révolutionnaire devra transférer la responsabilité historique d'une classe, la classe ouvrière, au bloc social tout entier, le Front des travailleurs.

Ainsi chaque peuple et tous les peuples passeront-ils un jour à la société humaine idéale, la société mondiale qui, délivrée des guerres, réalisera le rêve séculaire : l'édification pacifique d'une authentique culture de l'humanité tout entière.

TABLE DES MATIÈRES

Je peux me dire son ami, par François Mitterrand ..   I

   I. Mikis Théodorakis, musique et politique ...   7
  II. Grécité 33
 III. La honte 55
 IV. De Gaulle-Caramanlis, même combat 103
  V. Les fruits de la guerre civile 147
 VI. Mozart a quitté son village 181
VII. Le vrai socialisme 223

www.ingramcontent.com/pod-product-compliance
Lightning Source LLC
Chambersburg PA
CBHW050557170426
43201CB00011B/1722